# Business Model Innovation
# ビジネスモデルイノベーション

東京 **白桃書房** 神田

## 東京大学知的資産経営総括寄付講座シリーズ（全3巻）
## まえがき

　「東京大学知的資産経営総括寄付講座シリーズ」は2007年10月より2011年9月までの間東京大学に設置された知的資産経営総括寄付講座による研究成果のハイライトをまとめたものである。寄付講座の研究対象となった知的資産とは，企業会計上のバランスシートに乗らない無形資産であり，知的な活動に関与しかつ将来的に会社に収益をもたらすことが期待されるものを総じて指す。そこには「人材，技術，知的財産，組織力，経営理念，顧客等とのネットワーク」など，目に見えないが企業価値に結びつく要素が含まれる。知的資産をマネジメント（経営）するということは，このような企業価値を高める知的資産を効率よく生み出し，その知的資産を企業の収益のために上手に活用することを意味する。知識社会における企業の価値と競争力の向上を図るためには，この知的資産が果たす役割が極めて大きい。このため従来企業会計上の視点から，知的資産を如何にして評価して開示するかということが議論されてきた。しかし知的資産が組織の価値や競争力に結びつく過程は複雑で，組織が優れた知的資産を保有していても，その知的資産が競争力や収益に結びつかないことはしばしば観察される。つまるところ知的資産はそれ単独で競争力や収益を生むものではないのである。現在の企業が競争力を発揮し収益を得ていくためには，イノベーションを実現していくことが必須であり，そこで重要なのは，保有する知的資産を用いてイノベーションを起こしていくための様々なマネジメントを実践できるかどうかではないだろうか。

　この寄付講座における活動は，この知的資産が組織の競争力や収益に結びつくメカニズムを学際的に探究し，そこで必要なイノベーションマネジメン

トを明らかにすることを第1の目的とした。すなわち資産を保有する組織から切り離した「評価・開示が可能な静的な無形資産」というとらえ方から脱却して，組織の様々なありよう，組織マネジメント，イノベーション戦略，ビジネスモデルなどが知的資産と相互作用を起こし，優れた知的資産の創出と活用の好循環が生まれるための経営の要諦を明らかにすることを目的としたものである。このようなゴールにアプローチするためには，戦略論等の経営学を主なフレームワークとして，法制度や産業政策，知的財産管理，技術経営など幅広い学際的なアプローチが必要となる。またその専門性もアカデミックな視点を基軸に，実務的な視点を加えた議論が必要となる。寄付講座の教員はこのような観点から選抜された。本書の著者も多様なバックグラウンドを有し，それぞれの異なる視点から本講座の研究目的にアプローチを行っている。

　この寄付講座の第2の目的は，研究を行うことに加えてその成果の普及のための人材育成への展開を掲げた。その実践のためエグゼクティブクラスの社会人を対象としたイノベーションスクールが開講され，そこでは寄付講座で研究された成果をもとに実務的視点から発展的な議論が行われた。本書においてもそのような議論の実務的発展の成果も取り込みつつ，人材育成についてもテーマに加えている。本書は4年間のこれら多岐にわたる学際的研究と人材育成の成果を3つに分けてまとめたものである。

　第1巻「ビジネスモデルイノベーション」では，知的資産を競争力に結びつける競争戦略とそれを実現するビジネスモデルについての議論をまとめた。「コンセンサス標準をめぐる競争戦略」（新宅純二郎）においては優れた技術や多くの特許を保有する多くの日本企業が，技術標準化とともに一挙に競争力を失った原因に，デファクトスタンダードの時代からコンセンサス標準をめぐる競争の時代への変化に乗り遅れたことを指摘し，オープンクローズの切り分けの重要性を説いている。「標準規格をめぐる競争戦略―コンセンサス標準の確立と利益獲得を目指して―」（立本博文・高梨千賀子）では，

そのオープンクローズの切り分けで実践されるべきなのは企業の立場を踏まえた「標準による普及戦略」と「アーキテクチャーのオープン化によって付加価値分布が変化することに注目したポジショニング戦略」の2つであることが示される。続く「知財立国のジレンマ―特許の使い方が主役になる時代の到来―」（小川紘一）では，このようなビジネス環境においては，従来の特許の数を管理するマネジメントではなく，オープン化した環境において如何に特許を活用するかが重要であり，そこに焦点を当てた知財マネジメントによって「知財立国のジレンマ」を克服する具体的施策を示している。「単体・単層から複合体・複層へ―〈iPod〉に見るアウトサイドモデルの価値形成―」（妹尾堅一郎）では，標準におけるビジネスモデル論を深堀し，アップルのiPod等の事例にみる技術標準を含んだオープンとクローズの使い分けに，価値モデルを単体単層から複合体複層へと展開する新たなビジネスモデル革新を見出す。ここでは製品を準完成品として価値形成の一部として把握することでビジネスモデルの創新を可能にするマネジメントのあり方が示される。続く「ロボット機械としての電気自動車―機械世代論から見た次世代自動車の価値形成―」（妹尾堅一郎）で，電気自動車においてもこのようなビジネスモデル革新が迫っていることを指摘している。第1巻の最後の論文「アジアの製造業における新たなキャッチアップと製造技術プラットフォーム―韓国液晶産業における製造技術戦略―」（新宅純二郎）では，韓国液晶産業の事例分析から，ここまで述べてきたビジネスモデルのクローズ型からオープン型への変革をもたらすメカニズムとして，日本の擦り合わせ型の高度なノウハウが埋め込まれた部品や製造装置が提供される製造技術プラットフォームの存在に着目し，新興国のキャッチアップが可能となった原因を探求した。第1巻ではこれら6つの論文によって，ビジネスモデルのイノベーション競争ともいうべき環境において，日本企業が取り組むべき具体的な戦略策定や知財マネジメント，人材育成の方法を明らかにすることが試みられている。

第2巻「グローバルビジネス戦略」では，技術や知財等の知的資産を競争力と収益に転換するうえで不可欠となる，グローバルビジネスにおける幅広い主題（研究開発，技術経営，製品戦略，ビジネスモデル策定，産業政策）に関する議論が行われた。「技術で新興国市場を開拓する―日本企業の実態と今後の戦略―」（元橋一之）では，グローバルビジネスの主戦場となった新興国における研究開発に焦点を当て，研究開発の国際化に関する理論を示したうえで，中国における進出企業の研究開発活動の実態を分析し，特にリバースイノベーション活動の有無について検討を加えた。続く「大学がリードする中国イノベーションシステム―精華大学サイエンスパークのケーススタディ―」（元橋一之）では，新興国における優れた知的資産の形成に資する中国大学のイノベーション活動について，精華大学サイエンスパークの企業に対する質問票調査による分析を行った結果を示し，日本企業が中国の大学との連携において着目するべき視点を示した。ここまでは新興国における研究開発と技術経営が論題であるが，新興国において事業戦略を構築するうえでは市場にどのようにアプローチするのかが大きな課題となる。「新興国市場開拓に向けた日本企業の課題と戦略」（新宅純二郎）では，このような新興国の市場開拓のために必要な製品戦略に焦点を当てる。新興国における品質と価格と市場の関係を整理し，3つの製品戦略を提案した。「グローバル市場獲得のための国際標準化とビジネスモデル」（立本博文・小川紘一・新宅純二郎）では，欧米の標準化政策の変化を整理し，そこに生まれたコンセンサス標準を活用したグローバルなビジネスモデルの特徴を明らかにしたうえで，事業領域と事業範囲の調整とオープン領域のパートナー選択の2つのインプリケーションを示した。国際標準化がグローバルビジネスに及ぼす影響としては，先進国と新興国との間の国際分業を加速させるという一面がある。立本らはここでパソコン産業や光ディスク産業などの事例によってこの事実を明らかにし，日本企業がこのような比較優位の国際分業が形成するグローバル構造を把握し自らのシナリオが生きるビジネスモデルを確立していくことを強調している。続く「国際標準化と比較優位の国際分業，経済成

長」(小川紘一)では,国際標準化が特定の産業において先進工業国と途上国のあいだに比較優位の国際分業を加速させることを示し,そこから日本企業に求められるグローバルなイノベーション戦略を提案している。第2巻の最後は,「ドイツにみる産業政策と太陽光発電産業の興隆―欧州産業政策と国家特殊優位―」(富田純一・立本博文・新宅純二郎・小川紘一)と題して,ドイツの太陽光発電産業の急成長の一因としての産業政策に焦点を当てた。旧東ドイツを擁するドイツが,その産業振興において市場創造とともに生産立地の優位性を確立したことを示し,グローバルビジネスにおける競争力を構築するための我が国の産業政策に示唆を与えている。

　第3巻「イノベーションシステムとしての大学と人材」では,先端的技術の源泉である大学から生まれるビジネスとイノベーション人材の育成に焦点を当てた4つの論文を収録した。「大学の知的財産とイノベーション―大学の知識の移転を巡る制度と産学のマネジメント―」(渡部俊也)では,大学の知的財産を産業界に移転する仕組みの最近の発展について実証分析結果を交えてまとめ,それが企業のイノベーション戦略にとってどういう意味があったのかについて論じた。続く「大学発ベンチャーとイノベーション」(各務茂夫)においては,日本の大学発ベンチャーについてその制度,仕組みと課題をケースを交えながらイノベーション創出という切り口で論じた。「イノベーションにおけるベンチャー企業の役割―アントレプレナーシップの環境改善に向けて―」(ロバート・ケネラー)は,日本の大学発ベンチャーに期待されるイノベーション創出のための課題を踏まえ,7つの具体的提言をまとめた。第3巻最後には「事業起点型イノベーション人財の育成―事業戦略・ビジネスモデルと知財マネジメントを連動させる「事業軍師」の育成―」(妹尾堅一郎)を収録した。ここでは知的資産経営に資する事業起点型のイノベーション人財育成について,7つの具体的ステージに沿った人財育成手法を提示している。

以上全3巻の内容を概括したが，冒頭述べたように本知的資産経営総括寄付講座では，学際的かつ学術から実務にわたる多様な視座から研究を行ってきた。本書はその成果をまとめたものであるために，それぞれの論文は議論の進め方等で異なる体裁をとっているものを含んでいる。本講座の研究の主旨から，このような相違点をあえて統一することはせず，それぞれの著者の個性が生かされるような編集が行われたことに留意されたい。

　さて以上全3巻の議論によって，イノベーション大競争時代における「知的財産経営とは何か」という問いに対して，明確な回答を示すことができたであろうか。もちろん編者としてはベストの内容であると確信しているが，ここに掲載した研究はいずれも最近の新しい変化を反映したものであり，その意味では現在進行形の現象を対象としている。従ってここで論じた戦略やマネジメントの内容も，今後少なからず変化を遂げていくだろう。しかし本書で示された種々のアプローチによって得られた知見を総じてみると，優れた知的資産の創出と活用の好循環を生み出すための融合的イノベーションマネジメントが知的資産経営の本質であるということを疑いなく示しているのである。

　本書は冒頭に述べたように2007年から2011年までの知的資産経営総括寄付講座の研究活動の成果である。本講座の設置後，日本の産業は2008年にリーマンショック，2011年には東日本大震災という2つの危機に遭遇することになる。リーマンショックは図らずも世界のイノベーション競争を激化させ，日本の企業が本書で示したビジネスモデルイノベーションに取り組むことを余儀なくされる状況を加速した。そして2011年の東日本大震災後に訪れた産業空洞化の危機も，本書に示すグローバルビジネスへの展開への取り組みの必要性を否が応でも高めることになるだろう。日本産業にとって未来を分かつこの重要な時期に，私たちに知的資産経営に関する研究に取り組ませていただき，その成果をまとめた本書を広く日本企業に問う機会を与えていただいたことに対して，本講座の寄付者[注]の方々に心より深く感謝申し

上げたい。

2011 年 9 月

東京大学知的資産経営総括寄付講座担当教員を代表して

渡部俊也

注）東京大学知的資産経営総括寄付講座は，株式会社リクルート，ngi group 株式会社，株式会社ミクシィ代表取締役社長の笠原健治氏および匿名の寄付者の方より貴重な寄付をいただき実現したものである。

# 目　次

まえがき

## 第1章　コンセンサス標準をめぐる競争戦略 ―――― 1
1. 標準化の問題 ………………………………………… 1
2. 国際標準化は日本の産業・企業に利益をもたらすか …… 4
3. 標準化の目的，効果は立場によって異なる ………… 7
4. コンセンサス標準戦略を推進するために …………… 9

## 第2章　標準規格をめぐる競争戦略
　―コンセンサス標準の確立と利益獲得を目指して― ―――― 13
1. 研究目的と意義 ……………………………………… 13
2. 既存研究と限界：標準化と収益化 …………………… 14
3. 分析のフレームワーク ……………………………… 18
4. 事例研究 ……………………………………………… 20
5. 考　察 ………………………………………………… 37
6. まとめとインプリケーション ……………………… 43

## 第3章　知財立国のジレンマ
　―特許の使い方が主役になる時代の到来― ―――― 49
1. 知財立国のジレンマとは何か ……………………… 49
2. 知財立国のジレンマが生まれるメカニズム ………… 53
3. 欧米企業が完成させたオープン環境の知財マネジメント … 63
4. 我が国が養成すべき知財マネジメント人材の育成 …… 76

## 第4章　単体・単層から複合体・複層へ
　　　―〈iPod〉に見るアウトサイドモデルの価値形成― ……… 91

1. はじめに：アップルの「アウトサイド」モデル……………… 92
2. 〈iPod〉に見るアウトサイドモデル……………………………… 93
3. 〈iPod〉の競争力（1）：2つの融合的・相乗的価値形成…… 95
4. 〈iPod〉の競争力（2）………………………………………………… 112
5. 価値モデルの変容：単体・単層から複合体・複層へ………… 117
6. むすび：知的資産経営への知見………………………………… 135

## 第5章　ロボット機械としての電気自動車
　　　―機械世代論から見た次世代自動車の価値形成― ……… 143

1. 延命策としてのハイブリッド車………………………………… 143
2. ロボットとしての電気自動車…………………………………… 145
3. 擦り合わせエンジン車と組み合わせ電気自動車……………… 147
4. インテルの「インサイドモデル」：基幹部品による
　 完成品従属モデル…………………………………………………… 148
5. 機械世代論…………………………………………………………… 151
6. 匠の技を凌駕する上位の制御…………………………………… 156
7. ログによりサービスが主導権を左右する……………………… 159
8. ケータイとしての電気自動車…………………………………… 161
9. 基幹部品主導か，完成品主導か………………………………… 162
10. 「ボッシュインサイド」の脅威………………………………… 163
11. 蓄電池搭載型のみが電気自動車か？…………………………… 164
12. 上海万博のキャパシタバス……………………………………… 165
13. 完成品から部品へ主導権が移行？
　　 インホイールモーターの可能性………………………………… 167
14. むすび………………………………………………………………… 168

## 第6章 アジアの製造業における新たなキャッチアップと製造技術プラットフォーム
　　　―韓国液晶産業における製造技術戦略― ——————— 171

1. アジアのキャッチアップを支える日本の部品・装置産業… 171
2. 韓国液晶産業の発展……………………………………… 176
3. 三星電子の最新鋭工場…………………………………… 178
4. 韓国液晶産業のキャッチアップ戦略…………………… 180

# 第1章

# コンセンサス標準をめぐる競争戦略

新宅 純二郎

## 1. 標準化の問題

　標準規格には，通信や放送など，国や社会として，統一しなければならないものがある。具体的には，電波帯域など，社会的に決めなければ市場が広がらない，事前に決めないと広がらないという種のものである。TV放送が始まるときには，標準規格が決まっている。通信プロトコルのCCITT，放送標準のCCIR，ISO，JISなどが公的標準である。これに対して，1980年代〜90年代に現れたケースは，事前に定めたものではなく，社会的には定める必要がないと考えられながらも，後から考えるとやはり必要だったという種の標準である。初期のケースでは，録音録画機器が知られているだろう。これについては，事前にも必要だろうと言われてもいたのだが，メーカーにすれば「事前に決めないと出せない製品」ではなかったため，標準規格の選択が市場に任されて放置されていた，というのが実情であった。例えばVHSとベータでも，事前に様々な調整の努力が行なわれていたにもかかわらず，結果的には物別れになって，別々の規格が市場に流通した。こうなると，併存かどちらかが死滅する。これがデファクト・スタンダードの競争であり，このケースでは周知のとおり，VHSが標準となり，ベータは敗北宣

言を出すに至った。ほかにもこれまでに，FDD（フロッピーディスクドライブ），CD，DVD，ブルーレイといった規格の競争があった。PCについても，マッキントッシュ系とIBM系が激しく争い，今ではIBM系から発展したWindows系が標準になった。

　こうした標準化をめぐる競争について，かつては，最大の関心事は「どうやってデファクト・スタンダードをとるか」であった。デファクト・スタンダードは，一度取ってしまえば莫大な利益が入る，いわゆるWinner Takes Allと言われている。Allは多少大げさにせよ，Windowsなどを見ても，大変な利益を独占できていることは事実である。こうした認識があるため，デファクト・スタンダードの世界でも，複数の企業が手を組んで，一社総取りを回避しようという動きが出てきた。この思惑が，コンソーシアムやフォーラムの形成を促した。フォーラムによって事前に協調した標準を作ろうという動きが，デファクト・スタンダード争いが厳しくなった90年代に出てきたのである。

　コンソーシアムやフォーラムなどの協議で決まった標準は，その後，多くが公的な標準になっている。我々は，協議によって決まる標準をコンセンサス標準と呼んでいるが，これには公的な標準も含まれる。

　2008年，我々は『コンセンサス標準戦略』を刊行したが，この本を執筆するにあたり，「標準化経済性研究会」という研究会を開き，経済産業省の担当者や研究者などを集めて議論を始めた。従来の国による標準化戦略は，JIS規格の作成と遵守にかかわるものに過ぎなかった。日本では，「公的標準はみんなが共存するためのものなので儲からない」という認識がある。また，企業内で，標準の専門部署が，実際にビジネスを行なう部署と離れているという現状もある。しかし，公的に決められた標準でも，巧みに取り込んで高い収益を獲得している企業がある。欧米では標準を戦略的に活用していこうという動きがあり，日本でもそうあって欲しいという思いを込めて研究を推進した。

　まずは，実際の事例研究に取り組んだ。CD，DVDをはじめとして，USB

などのPC周辺規格も調べていった。研究を進めるうちに，日本でも国際標準化が大きく取りあげられるようになった。知的財産本部が「国際規格総合戦略」という方針を打ち出したので，日本でも注目されてきた。

　ここで，標準が重要になる製品とは何かということを確認したい。標準が必要な製品は「ネットワーク外部性」が存在する製品である。普通の製品は，選択において製品そのものの性能や機能だけが考慮されるが，ネットワーク外部性があるものは，「同じものを持っている人がどれくらいいるのか」という点が重要になる。具体的には，例えば「録画したものをどれくらいの人に渡せるのか」ということになる。これは，録画時間や録画画質などにかかわらない。電話も，同じ規格の人はどれくらい存在するのかといった，ネットワークの大きさが製品選択において考慮される。他人の選択が本人の便益に影響を与えるのである。こうした製品は，事後的にでも標準を定めなければ，市場はなかなか拡大しない。このような製品では，市場の拡大を目的として標準化に取り組んでいることが多い。

　EUでは90年代に，市場拡大のための標準化が積極的に推し進められた。今でも標準化のプロセスが最も早いのは，欧州の標準化団体である。日本の企業も，まず欧州の標準化団体に規格を持ちこみ，標準を獲得する。欧州で標準が決まれば，次はISOに持って行く。ISO標準になった規格は，JIS規格になる。時間がかかるので，JISは最後である。欧州標準→国際標準→JIS標準が定番なのである。

　現在，ISOの幹事国は欧州が圧倒的に多い。EUといっても国としては複数なので，国際的な場で多数決になれば，数の論理でEUが優位である。また，ISOに参加するのはある程度の技術力のある国に限られているため，ワーキンググループのメンバーの半分が欧州勢というケースも多々ある。80年代に欧州の地盤沈下があったとき，欧州が経済的に復興する戦略として，国際標準の世界で力をつけようとしてきた。90年代に欧州で携帯電話の標準になり，その後世界標準になったGSMは，典型的な例ではないだろうか。アメリカも90年代半ばに至ると，国家としてデジュール標準を重視し，

フォーラムの活動も強化し始めた。しかし，その頃の日本は，まだあまり積極的ではなかった。

　標準をめぐる競争には，デファクト・スタンダードをめぐる競争と，コンセンサス標準をめぐる競争がある。コンセンサスを得てデファクトというケースもあるが，物別れの末に競争でデファクト・スタンダードというケースもある。競争でデファクトを獲得するとなると，どうやって先行するか，スタートダッシュをどう切るかの体力勝負になる。一方，コンセンサス標準は，どうやって自社に有利な標準を定めるかという，駆け引きが必要な頭脳戦になる。標準といっても，どの技術をとるか，どこまでを規定するかなどさまざまな選択肢がある。必要最低限の規格にするか，ネジの1本まで詳細に決めるか，その幅は広い。例えば，技術知識のほとんどない企業にとっては，公的な標準で詳細まで決まり，それがオープンになっていると，新規参入が極めて容易になる。標準化に際してすべての技術をオープンにすると，新規参入メーカーは得をし，技術を持っているメーカーにとっては，今までの研究開発が無駄になる。関連特許を持っているメーカーは，自分の技術がベースになるように標準化の方向を引き寄せつつ，標準化領域を限定することによって，自分の強みを残したい。

　技術を持っている企業（国）と持っていない企業（国），さらに，異なる技術に強みを持つ企業（国）の間で，こうした駆け引きが，標準化の場で行なわれるのである。何を特許として押さえ，どうやって有利な方向に持って行くかが極めて重要な頭脳戦となれば，「研究開発担当者」，「標準化担当者」，「事業責任者」が三位一体になって取り組む必要がある。ところが，日本のメーカーを見ると，この三者がバラバラな例が多いのである。

## 2. 国際標準化は日本の産業・企業に利益をもたらすか

　DVDの例を見てみよう。DVDは日本企業発の国際標準であり，日本企業が基本的な特許を多く持っている。東芝，松下，日立，ソニー，パイオニ

アなどが6Cや3Cといったパテントプールを持って，製品の普及が進んでいった。特許を取り，標準化し，製品も普及したが，現状では多くの特許を保有している日本企業が，赤字を計上して苦戦している。

DVD業界は，製品構造のモジュラー化によって参入が容易になり，価格低下と市場の拡大が起こった。標準化によって市場は拡大した。再生専用のDVDは世界で1億2000万台ほど売れているが，そのうちおよそ8000万台は中国企業製である。ライセンスを持っている6Cや3Cの企業は儲かっていない。日本で最もDVDで利益をあげているのは，SANYOで，コア部品のセットを中国企業に売って利益をあげている。オープンモジュラーな構造になった1995年前後に市場自体は急速に伸びたが，同時に，先行国の企業は新興国にシェアを奪われている。

こうした経験によって，日本企業には，標準化では儲からないと考えている人も多いが，GSMの事例のように標準化を推進した企業が利益をあげている例もある。従来通信の標準化は，国の代表が集まって協議していた。欧州標準を作ろうとしたGSMも，当初は国のレベル，とりわけ電波行政担当者，通信事業者の協議であった。しかし，規格がほぼ決まった1988年になって，ETSI (European Telecommunications Standards Institute, ヨーロッパ電気通信標準化協会) という団体を作り，GSMの協議の主体をETSIに移した。ETSIは，通信設備や端末の事業者が集まって，標準化のあり方を協議する点で，特徴的である。ETSIはその後も，技術進歩の成果を取り込んでGSM規格を改定していくうえで，主導的な役割を果たしている。

こうして決まったGSMは，世界で20億人のユーザーを持っており，第2世代のGSMが世界では未だに主流である。第3世代であるW-CDMAは部分的にしか入っていない。そのGSMで，標準化を推進した欧州企業の世界市場シェアを見ると，携帯端末ではノキアが30%，基地局シェアではエリクソンが30%から40%である。なお，中国市場でもノキアは端末市場シェアの30%から40%を占め，低価格帯の携帯端末ではノキアは40%のシェアを占めているといわれる。基地局シェアでも中国のGSM系でエリクソンが

30％から40％のシェアを有しているようである。携帯電話端末の市場シェアを見ると，ノキア，モトローラ，ソニー・エリクソン，サムスンが主要なシェアを占めている。例外はサムスンであり，主要な知財を保有せずに後から参入して大きなシェアを有している。この事例でのポイントは，主要な知財保有企業が1992年頃にサービスを開始し，15年以上経過しても未だに大きなシェアを維持している点である。DVDの事例とは大いに異なる結果をもたらしているのである。

各社の特許取得数とその取得時期を調べてみると，モトローラはGSMに関する特許を数多く持っており，かなり多い。取得時期は，モトローラは平均すると，1987年の1月前後に特許を取っている。ノキアの平均取得時期は93年9月頃である。おおよその規格が決まったとき（89年前後），すでに圧倒的にモトローラが特許を取っていたといえる。GSMの必須特許の比率は，98年だとモトローラが多く，次にノキアが続く。欧州のキャリアの重要な役割を果たしたが，NTTのような特許を取らなかった。結果として，メーカーの力が強くなり，キャリアの力を低下させた。

GSMでは，RAND条項を主張した欧州勢に対して，モトローラは独自のライセンス戦略を主張したので，当時，米国と欧州の間の国家間協議となった。同じことは，3Gのときもあった。第3世代は，docomoが提案したW-CDMAが採用された。しかし，アメリカのクアルコムがW-CDMAではない自分たちの規格を通そうとして，クアルコム保有のW-CDMA関連の特許を使わせないと言いだしたのである。結果的には，クアルコムが折れて自分たちの特許を供与することになったが，その代わり妥協点として，CDMA2000も国際標準として認めることになった。その後，クアルコムは基地局ビジネスから撤退し，これを買ったのはエリクソンである。クアルコムとエリクソンのネゴシエーションがあったと見る人も少なくない。

欧州勢がW-CDMAを採用するに際して，docomoは，W-CDMAとGSMの互換性を確保するという要望に対応しなければならなかった。この互換性が，現在でもGSMの強みである。GSM特許所持者たちの力は落ち

ていない．例えば，SONYとPhilipsはDVDでは出遅れたが，未だにCDとの互換があるため大きな影響力を持っているのと同じである．いったん確立した顧客ベースを，技術の世代交代に際しても失わないように互換性を確保しながら進歩させていくことは，この種のネットワーク外部性が働く市場では常套手段である．その効果は，PCにおけるマイクロソフトの戦略からも明らかである．GSMで成功した欧州企業は，第3世代への移行に際して，この互換性維持の戦略をとって成功を継続している．

3Gには，多様な企業が参入できるように，パテント・プラットフォームが作られている．しかし，特許数の多い上位企業は全て個別ライセンス契約であり，パテント・プラットフォームは弱者連合の様相を呈している．したがって，相変わらずパテントの多い上位企業が強い影響力を持っている．

## 3. 標準化の目的，効果は立場によって異なる

企業は標準をめぐって，様々な位置取りを模索するわけだが，企業の置かれた立場によって何を標準化したいかは異なる．例えばセラミックコンデンサの例を考えよう．セラミックコンデンサは標準化されている典型例である．外形寸法と対応する電気容量が標準化されている．この標準に基づく製品であれば，ウェブ調達などが簡単にでき，入札によって安い価格のメーカーから調達することが可能となる．部品として使いたいユーザー側の企業は，標準化によって設計も発注も楽になる．また，部品メーカー側のメリットとして，自社製品の標準化によって市場が広がるという面がある．自社の製品をいち早く標準化してIECに認められれば，マーケティング活動が容易になる．また，カスタマイズの必要もなく，部品内部がユニークな技術なら，市場を寡占化できる．

しかし，さらに踏み込んで考えると，調達側は標準なのだからさらに安く調達したいと考え，機能とサイズのみならず材料や作り方も標準化したいと考えるであろう．一方，部品メーカーとしては，材料や工程プロセスは自社

ノウハウとして決してオープンにせず，他社に知られてしまうことを回避するために，特許すら取得していない。競争力のある部品メーカーにとっては，材料や工程の標準化は強く避けたいものである。安く調達したい調達側企業とは利害が反する。さらに，同じ部品メーカーでも，技術力の弱い企業にとっては，そのようなさらなる標準化の推進が好ましい可能性がある。同じ標準化が，立場の異なる企業にとって，まったく異なる価値を提供するのである。

エリクソンの基地局シェアの高さには仕掛けがある（立本 2008）。携帯電話の技術として，端末と基地局があり，端末が移行したとき，基地局間通信の仕組みが必要になる。端末と基地局のやりとりでは，エアの部分は完全に標準化し，端末の中も標準化しているが，基地局のエラー補正と基地局間制御装置のハングオーバーは標準化されていない。基地局内は非標準の部分が多いのである。基地局の技術を持っていても，電波の補正ができなければここに参入はできない。NECや日立はその技術を持っているので参入は可能なはずだが，実は基地局は部分的な参入が難しいという面がある。日本企業が入ろうとしても，100個ある基地局のうち10個だけがNECといった，部分だけの参入は無理なのである。だからこそ，アフリカや中国などで基地局を新規に設置するときには，エリクソンが積極的に取っている。GSMの規格の内容を見ると，基地局と基地局制御装置の間のインターフェースは標準化していない。docomoもこの間のソフトウェア制御は，標準化するつもりはないという。特許にもしていないらしい。完全にノウハウで行なっている部分なのである。このように，独自ノウハウ部分は標準化せず，自分が弱いところは標準化する。これが，標準化の位置取り戦略で重要なのではないかと考えられる。自社が有利になるためには，自分が強みを持つ中の部分は標準化しない方がよいといえる。

中国は，TD-SCDMAという中国独自の標準を作成し，2009年から運用を開始した。新世代光ディスクも独自でEVDという独立標準を作成したが，うまくいっていない。

中国が独自に標準化したい分野もあり，それは複写機のカートリッジである。現状では，複写機メーカーごとに独自規格を持っており，複写機メーカーにとってはこのカートリッジの利益が大きい。中国は，カートリッジを標準化させて，消耗品ビジネスでの自国企業の参入を狙っている。複写機は高度な擦り合わせ製品なので，複写機自体の独自技術の開発はまだ難しい。ISO標準に欧米を巻き込んで，WTO/TBT協定を利用し，得意な部分をモジュラーで切り出した，インターフェースの標準化を狙っているのである。

## 4. コンセンサス標準戦略を推進するために

### 4.1. 将来の競争戦略を見据えた部門間連携

時系列で考えると，DVDでは事業化の5年前には知財標準化が行なわれており，その技術は10年前に研究開発されている。研究開発から事業展開に至るまでには，かなり長い時間を要する。研究開発に携わる人は，自分の技術が標準として世に使われることを願っている。企業の内部でも研究者の業績評価は，DVDがどれだけ売れたのかではなく，どれだけ特許になったか，どれだけ標準化できたかが基準になる。これでは，どうすればISOで採用されるか，そのためなら大サービスして特許を開放してもいいとなりかねない。そこで，事業展開（ビジネス）部門と知財標準化部署，研究開発部は緊密な連携をとる必要が出てくる。例えば，研究開発から一気に事業展開に飛び，後から国際標準を取りにかかったという，FeliCaの事例がある（原田 2008）。

### 4.2. 新興国企業との連携

新興国の企業は脅威ではあるが，何をどこまで標準化するのかを考え，「何も持っていないけどこれからやりたい」という企業をうまく巻き込むことで，自社に有利な標準化戦略を展開することができる（立本ほか 2010）。

1990年代の半ばに，インテルのマイクロプロセッサは「死の谷」を迎えていた。インテルのチップだけが先走り，その処理スピードの進歩に他のパーツがついて行けなくなったのである。副社長エイマーによる発言「周辺チップもDRAMもMPUと同じように性能が上がらなければ，インテルの最先端MPUは実力を発揮できない。車のエンジンだけ性能が上がっても車が速く走れないのと一緒だ」や，IAL元所長クレイグ・キニーによる発言「V8クラスのエンジンをフォルクス・ワーゲンのビートルのシャーシに搭載しているようなもの。これでは，エンドユーザーはV8エンジンのメリットを享受できない」からも当時の状況がわかる。Pentium IIあたりで，メモリとの関係，OSとの関係を考えなければならない状況になった。MPU部品のビジネスを広げるためには，PCアーキテクチャにまで入らないとだめだ，という事態になり，インテルは95年くらいからPCの標準をどんどん作っていった。高速化を実現するために，例えばUSB2.0を標準化している。また，新興国（台湾）のマザーボードメーカーに，積極的に開発の支援を行なった。ノートPCが伸びていくときには，インテルがマザーボードの設計標準を提供している。また，ノートPCの基本設計（リファレンスデザイン）も提供した（立本 2007）。

　こうして，PC，コンピュータを誰でも作れるようにする一方で，チップセットやCPUをクローズドにして，使い分けているのである。このとき最大のポイントは，チップセットであった。インテルはこれを取り込んだ。チップセット作りは組み立てメーカーの腕の見せ所だったので，インテルがここを取り込むといったとき，PCメーカーはいい顔をしなかった。それでも，インテルは新興国のメーカーとうまく組むために，チップセットを精力的に台湾メーカーに売り込んでいった。インテルジャパンからも，台湾に売り込みに行っていたという。

　新しいMPU製品を作るためには，半導体のプロセス技術が必要である。インテルはこの実現に，必要なものは内部化し，誰とも組まず，特許も取らず，つまり秘匿した独自技術で行なっている。もうひとつが，ビジネスイノ

ベーションであり，自分たちのビジネス領域について，どこで，誰に売っていくかという範囲のとらえ方である。インテルの中にもマザーボード部門がある。マザーボードごと売ろうという戦略をとって，大量に売っていた時期がある。それでも，ある程度台湾メーカーがマザーボードをたくさん作るようになると，縮小して本業のCPU事業に戻っていった。

　インテルの例にせよGSMの例にしても，オープンな領域と秘匿していく領域をうまく分けていくことが大切なのである。また，GSMでは，基地局が有利な理由がもうひとつある。GSMで規格の改定があり，新しい機能や新しい規格の端末が現れたときに，誰が有利か。答えは，基地局メーカーに近い企業の端末である。オペレータが，新しい端末を認証しなければならないので，どうしても基地局との試験が必要になる。これができなければ，市場に投入されない。

　日本の企業でも周辺の企業と合わせて，有効な位置取りをしている事例がある。DVDの部品を中国企業向けに展開している三洋電機である。川下の完成品ビジネスに入ろうとする技術のない新興企業に上手に売っていくことで，利益が獲得できる。

　基本は，自社のコアになる部分は標準化しないでおきながら，その周辺を他社に使ってもらう。ただし，どこを標準化してどこを差別化領域として標準化しないかは，企業や国の技術レベル，各企業の得意な技術領域，売り手と買い手といった立場によって異なってくる。そのため，その対立を巧みに調整してコンセンサス標準を作っていくことが，その後の事業展開のために重要なのである。

参考文献

原田節雄（2008）『世界市場を制覇する国際標準化戦略』東京電機大学出版局。
小川紘一 (2009)『国際標準化と事業戦略―日本型イノベーションとしての標準化ビジネスモデル』白桃書房。

新宅純二郎・江藤学（2008）『コンセンサス標準戦略』日本経済新聞出版社。

新宅純二郎・許斐義信・柴田高(2000)『デファクト・スタンダードの本質―技術覇権競争の新展開』有斐閣。

立本博文（2007）「ＰＣのバス・アーキテクチャの変遷と競争優位―なぜIntelは，プラットフォーム・リーダシップを獲得できたか」MMRCディスカッションペーパー，No.171，東京大学ものづくり経営研究センター。

立本博文（2008）「GSM携帯電話③アーキテクチャとプラットフォーム―欧州はどのように通信産業の競争力を伸ばしたのか」MMRCディスカッションペーパー，No.203，東京大学ものづくり経営研究センター。

立本博文，小川紘一，新宅純二郎（2010）「オープン・イノベーションとプラットフォーム・ビジネス」『研究技術計画』，25（1），78-91。

第2章

# 標準規格をめぐる競争戦略⑴
―コンセンサス標準の確立と利益獲得を目指して―

立本 博文
高梨 千賀子

## 1. 研究目的と意義

　企業を取り巻く技術・市場等の環境が急速に変化する現代では，市場競争を通じて1社が単独でデファクト標準を取ることが困難になり，市場競争前にコンソーシアムやフォーラムを通じて複数企業が合意形成（コンセンサス）を行い，標準化を成し遂げる「コンセンサス標準」が大きな役割を果たすようになってきている（新宅・江藤，2008）。半導体産業（富田・立本，2007）や通信システム（朴・文・立本，2008）さらに近年のスマートグリッド（新エネルギーシステム）のように巨額投資が必要な社会的イノベーションでは，産業界全体や複数産業間にわたって標準化を行うコンセンサス標準化がますます利用されるようになってきている。

　標準化に関する既存研究では，1社単独で標準を確立するデファクト標準と公的標準化団体で規定されるデジュール標準を対比させた分析枠組みを用いたものが多かった。

　ところがコンセンサス標準はデジュール標準とデファクト標準の両面の特徴を同時に併せ持つため，コンセンサス標準特有の性質が生じる。コンセンサス標準の策定段階（standard-setting process）では，従来のデジュリ標

準のように企業同士の協調を基にした標準規格の策定が行われる。標準の普及段階（standard-diffusion process）では，デファクト標準と同様に多くの企業に受け入れられるような努力をしなければならない。類似の規格が存在する場合には，普及は特に重要になる（高梨・立本，2008）。類似の規格が乱立したDVD規格やパソコンの各種インターフェース規格は，コンセンサス標準の代表的な例である（小川，2006）。

このような特徴に加えて，コンセンサス標準では収益化が難しいという特徴がある。標準規格が産業に広く受け入れられたとしても，標準化を主導した企業が収益を上げることができないケースが多く観察される。収益化が難しいのであれば，そもそもコンセンサス標準を事業戦略として活用することすら難しいように思える。

つまりコンセンサス標準を活用したビジネスモデルでは，策定と普及に対処しながら，自社の利益を確保する，という課題を解決する必要があるのである。しかし既存研究では，このような二面性の同時対処と自社利益の確保について十分に論じられてこなかった。

よって本研究では，どのようにコンセンサス標準化をマネジメントすれば推進規格を標準として確立でき，かつ，事業収益化を達成できるのかを明らかにする。

## 2. 既存研究と限界：標準化と収益化

デファクト標準に関する従来研究では，複数規格における競争を制して標準を勝ち取る戦略について多くの研究がなされ，ネットワーク外部性（Rohlfs, 1974; Oren and Smith, 1981; Farrell and Saloner, 1985; Farrell and Saloner, 1986; Kats and Shapiro, 1985），ロックイン効果（David, 1985; Farrell and Shapiro, 1989; Shapiro and Varian, 1999），スイッチングコスト（Klemperer, 1987; Klemperer, 1995）等が成功要因として指摘された。その一方で，こうした経済効果を生み出す場合にも，技術が優れていなければ競

争を制することはできないとした技術優位論（Leibowitz and Margolis, 1990；リボヴィッツ，2004）や特定企業のリーダーシップ（Gawer and Cusumano, 2002）や，標準化を制度設計と捉え，その制度設計能力が重要であるとする制度企業家論（DiMaggio, 1988; Fligstein, 2001; Garud and Kumaraswamy, 2002）が登場した。

　その後，こうした市場競争を通して標準を決するデファクト標準はサンクコストの発生など企業に多くの負担を強いるため，これに替わるものとして，市場に出る前に標準を決めてしまおうとする上市前の規格競争が活発化し，公的標準化機関によって規格化を行うデジュール標準の優位性が強調された（Farrell and Saloner, 1988；山田，1999；渡辺・中北，2001）。

　しかしながらデジュール標準は，必ずしも市場化後の収益化を保証するものではない。さらに公的機関での規格策定については，標準化プロセスに時間がかかり，市場化のタイミングを逸する可能性がある。

　こうしたデファクト標準やデジュール標準のデメリットを克服する形態として，1980年代半ば以降，企業が適宜結成するコンソーシアムやフォーラム等の標準化活動が活発に利用されるようになった。この新しい形態の標準化プロセスの登場は，欧米の産業政策転換が深く関連している。伝統的な独禁法解釈では，複数企業が共同する標準化は独禁法に抵触するものと考えられていた。このため一部の例外を除いて，企業が共同して標準規格を策定することは稀であった。ところが1980年代半ばに欧米で行われた「独禁法緩和」や「地域標準化における新アプローチ」により複数企業が一定のルールの下で自由にコンソーシアムを結成することが可能となり，コンセンサス標準が事業戦略ツールとして利用されるようになったのである（立本・小川・新宅，2008）。この新しい標準化プロセスはコンセンサス標準化と呼ばれ，産業に与える影響の研究が行われている（Cargill, 1988；江藤，2008）。

　コンセンサス標準の特徴は，①規格策定の段階ではデジュリ標準のように企業同士の協調（合意）を元にした標準規格の策定が行われる点，②標準普及の段階ではデファクト標準の焦点だった規格普及を進めなければならない

点，を併せ持つことである．類似規格と競合している場合には，普及は特に重要になる．つまりコンセンサス標準は，デジュリ標準とデファクト標準の性質を同時に持つ点が従来の標準化プロセスと決定的に異なるのである．

　従来研究されたデファクト標準化プロセスでは，1社が単独で標準規格策定するため，標準規格の普及拡大がそのまま企業の収益に直結すると暗黙のうちに仮定されていた．そのため標準普及後の収益化について深く議論されることはなく，標準規格をいかに普及させるかに研究の主眼が置かれた．しかしコンセンサス標準ではコンソーシアム内で複数企業の合意形成による標準化プロセスが行われるため，策定された標準規格が成功裏に普及したとしても，策定に貢献した企業に収益化が約束されているわけではない．

　一方，従来研究されたデジュリ標準化プロセスは公的標準化機関での標準化を念頭に置いており，標準化された規格の恩恵は広く社会に反映され，経済全体に貢献することを前提としていた．標準の確立は公的標準化機関に規格登録されると同時に完了していた．これに対し，コンセンサス標準は「任意のテーマに関して複数企業が自由に参加し柔軟に標準を策定する」ものであり，類似の標準規格が頻繁に乱立する．標準規格化が終了したとしても，それは標準の確立を意味しない．規格の普及を促進し，標準規格が広く受け入れられて初めて標準の確立が完了するのである．コンセンサス標準はデジュリ標準とは異なる標準化プロセスとして捉えるべきである．

　コンセンサス標準の問題は「標準規格が普及しても，それが必ずしも企業の収益化につながるとは限らない」という点である．この問題はコンセンサス標準を事業戦略として活用する場合には致命的な問題である．デファクト標準では標準規格が標準化リーダー企業に有利に出来ていることが多く，デファクト標準を推進した企業の収益化は容易である．デジュリ標準ではそもそも公益が第一に考えられ，企業の利益が考えられていない．これに対してコンセンサス標準は，「企業が新技術を市場導入する際に用いる」標準化プロセスであるにもかかわらず，「全ての企業に標準規格として技術情報を明

らかにしてしまう」ため収益化が難しい。

　このためコンセンサス標準化は，1990年代初頭「産業全体のためにボランティアで行う標準化（ボランタリ標準）である」と言われた（Weiss and Cargill, 1992）。「産業発展のために必要であるが，特定の誰かの利益になるものではない。だから有志がボランティアで行わなくてはいけない」という考え方である。現在の多くの企業にとって，コンセンサス標準に対する企業姿勢はこれと同じものである。つまり，コンセンサス標準で普及促進と事業収益化を達成することは難しく，ボランティア（事業収益化は二の次）で標準化活動を行うべきだとの考え方である。

　しかし，2000年以後の研究によってコンセンサス標準化を活用して，自社に有利な産業環境を作り出したり，産業進化の方向を主導したりしている事例が報告されるようになった（Gawer and Cusumano, 2002; Iansiti and Levin, 2004；新宅・江藤，2008；立本・高梨，2010）。たとえばプラットフォームリーダーと呼ばれる企業は，産業標準を形成する際にコンソーシアムを利用することが多い（Gawer and Cusumano, 2002）。コンソーシアムでは産業全体の発展を考えた標準規格策定が行われており，特定の企業が収益を上げることはできないように見える。しかし全体としてみるとプラットフォームリーダー企業は標準化によって形成された市場から持続的に利益を上げている。コンセンサス標準は大きな戦略的な道具となっているのである。

　コンセンサス標準化が企業の戦略的な道具となっていることは明らかである。しかし残念ながら，「どのように戦略的な道具となっているのか」，「どのように標準普及と利益獲得を同時に達成するのか」については明らかになっていない。よって本研究では，「標準普及」と「利益獲得」を同時に達成する「標準化ビジネスモデル」について，ケーススタディから明らかにしていく。

　研究目的

コンセンサス標準において,「普及促進」と「利益獲得」を同時に達成するビジネスモデル（標準化ビジネスモデル）をケーススタディから明らかにする。

## 3. 分析のフレームワーク

コンセンサス標準における企業の収益化に焦点をあてて標準化プロセスを捉えなおすために，本研究では戦略目標と企業立場という2変数を導入した分析フレームワーク（表1）を提示する。コンセンサス標準化はA～D全てのセルについて分析する必要がある点で従来研究されたデジュリ・デファクト標準化と異なる。

まず戦略目標について説明する。企業は事業戦略の1つとしてコンセンサス標準を用いるため，標準化プロセスにおける「普及促進」と「利益獲得」という2つの戦略目標を明確にする必要がある。既存研究が対象としたデファクト標準化プロセスでは，リーダー企業が単独で標準化を行うため，標準規格が普及すれば収益につながることが暗黙の前提とされていた。そのため既存研究の焦点は「いかに標準規格を普及させるか」に集中していた（表1のA）。標準規格普及後に規格策定企業が利益を得ることは，デファクト標準では当然だったのである。しかしコンセンサス標準では標準規格が普及しても，それが必ずしも企業の収益化につながるとは限らない。コンセンサス標準では普及促進に加えて利益獲得についても戦略的に対処することが求められるのである（表1のB）。

普及促進の最も大きな課題は，ネットワーク外部性が当該規格の採用者拡大に影響を与える程度の採用者規模，つまり「クリティカルマス」に到達するまでの期間をスムーズに立ち上げていくことである。複数の規格間で競争が起こっている場合は，特にこの課題は重要性を増す。この戦略を普及戦略と呼ぶ。一方，「利益獲得」は標準規格が広く受け入れられ市場を形成したときに，同時に，持続的な事業収益化も達成するようにすることである（高

### 表1　コンセンサス標準の分析

|  |  | 戦略目標 | |
|---|---|---|---|
|  |  | 普及促進<br>（普及戦略） | 利益獲得<br>（ポジショニング戦略） |
| 企業立場 | 標準化リーダー | A | B |
|  | 標準化周辺企業 | C | D |

梨・立本，2008）。この戦略をポジショニング戦略と呼ぶ。

　次に企業立場について説明する。コンセンサス標準化は，任意の領域を標準化対象として設定し，標準化プロセスへ複数企業が自由に参加するという特徴を持つ。一定ルール下における自由な企業共同は1980年代半ばの独禁法緩和によって可能になったものである。コンセンサス標準は産業政策の転換が生んだ新しい標準化プロセスであり従来的なデジュリ標準とは区別すべきである（立本・小川・新宅，2008）。

　公的標準化機関を念頭に置いたデジュリ標準では，螺旋やくぎ寸法のように既に市場に存在する製品に対して標準化を行うことで互換性を確立し，社会全体の厚生を高めることが目的とされていた。行政が支援しながら標準規格を公的に策定し，市場流通を妨げる互換性障壁を取り除くことが主目的であった。デジュリ標準では標準規格策定が終われば標準規格として確立される。このため，標準化に対して企業がどのような立場で，どのような関わり方をしようと，それらは必ずしも明確に区別されることはなかった。すなわち表1のAとCの境界は曖昧だったのである。

　これに対してコンセンサス標準化は自社が開発した新技術を市場に導入するための事業戦略の1つとして実行される。標準化によって新市場の形成を狙うわけである。このため，同様の新技術を開発した企業間で，類似の標準規格を扱う複数のコンソーシアムが乱立しやすい。このような状況下では，標準規格策定は標準確立プロセスの一部に過ぎず，類似の標準規格の中で最も市場に受け入れられるように標準規格を普及させることが求められるので

ある。

　コンセンサス標準化では，自社の技術を基に標準化を積極的に主導して新市場を形成しようとする標準化リーダー企業と，標準化によって形成された新市場や周辺市場に対して自社の事業領域を柔軟に変化・適応させる標準化周辺企業の2つの異なる立場が共存している[2]。そして，標準化に対する立場や関わり方次第で，戦略が異なってくると考えられる。つまり，表1中の標準化リーダーが構想するA・Bと標準化周辺企業が構想するC・Dとを区別して議論する必要性が生じたのである。

　本研究では表1に示す分析フレームワークを用いて，事例研究から各戦略における成功要因を導き出す。分析対象は経済産業省主催の標準化経済性委員会で調査された事例研究[3]および独自調査の事例研究である。

## 4. 事例研究

### 4.1. 標準化リーダーの普及戦略

　標準化リーダー企業にとって「普及段階」における最も大きな課題は，標準のネットワーク外部性が利用者拡大に影響を与えるほどの利用者の規模，すなわちクリティカルマスを達成するまでの期間をいかにスムーズに立ち上げ，利用者規模を増やしていくかである。多くの場合，補完業者やときには競合他社など，他企業との協力を経ながらクリティカルマスを達成しなければならない。しかし，それぞれの企業はそれぞれの思惑のもとで利益を上げるべく活動しようとする。これらの企業の利害を普及に向けていかに調整し，普及スピードを上げていくかが重要となる（Shapiro and Varian, 1999; Gawer and Cusumano, 2002）。複数の規格で競争が起こっている状況下では，特に，普及を目指してこれらの利害を調整しつつ普及スピードをコントロールする「仕組み」を巧みに構築することが重要となる。これが「普及戦略」である。次に，ケーススタディから明らかになった普及戦略の成功要因

について説明する。

## 4.1.1. アーキテクチャのオープン度の設定

　標準規格は全体システムのアーキテクチャのある領域について策定されている。標準化された領域はオープンになり，残された部分はクローズド領域となる。システムを標準化するときに，①どこまでオープンにするか（オープン度）と，②標準に対してどのように知的財産権を設定するか（知的財産の設定），の2つが普及スピードに大きな影響を与える。全体システムの中で標準化されている領域（オープン領域）が多ければ多いほど，システムを採用したり，そのシステムを支えるような部品を供給したりする新規参入者が増える。この結果，標準規格の採用者が拡大し，普及が促進される。知財の設定においては，無償公開することで標準の普及が加速する。

　たとえば，インテルはCPUメーカーであるにもかかわらず，90年代以降特に完成品であるパソコン（PC）の標準化を様々な領域で行い，PCを大量普及させた。図1はインテルが主導したパソコンに関する標準規格とその発行年を整理したものである。標準化の一例はマザーボード（CPUを搭載したパソコン内のメイン基板）の標準化（マザーボード形状・電源・インターフェース等）である。最先端CPU用のマザーボードは，それまで技術力のあるパソコンメーカーからプレミアム商品として販売されていた。しかし標準化によって台湾マザーボードメーカーから大量に供給されるようになった。その結果，最先端CPUを搭載したマザーボードを登載したパソコンが様々なパソコンメーカーから発売され，最先端CPUは上市されると迅速に普及するようになったのである（立本，2007；新宅・立本，2007）。

　また，②の知財の設定が標準の普及スピードに大きな影響を与えた例としてはUSBとIEEE1394（以下，1394と表記）が挙げられる。USBでは，規格に含まれる特許（つまり必須特許）を無償で公開した。コア規格の策定に関わった企業はクロスライセンスに合意することを求められ，特許ロイヤリティを要求しない領域が設定された。この措置は，企業が自らの商業的利便

図1 インテルが主導した標準規格と発行年

| 対象領域 | 名称 | '90 | '91 | '92 | '93 | '94 | '95 | '96 | '97 | '98 | '99 | '00 |
|---|---|---|---|---|---|---|---|---|---|---|---|---|
| ローカルバス | PCI 1.0／1.1 | | | ■ | ■ | ■ | ■ | ■ | ■ | ■ | ■ | ■ |
| システムバス | PCI 2.0 | | | | | | | ■ | ■ | ■ | ■ | ■ |
| 電源 | ACPI 1.0 | | | | | | | | ■ | ■ | ■ | ■ |
| マザーボード形状 | ATX | | | | | | ■ | ■ | ■ | ■ | ■ | ■ |
| 周辺機器バス（低速） | USB 1.0 | | | | | | | ■ | ■ | ■ | ■ | ■ |
| 周辺機器バス（高速） | USB 2.0 | | | | | | | | | | | ■ |
| HDD I/F | Ultra DMA | | | | | | | ■ | ■ | ■ | ■ | ■ |
| グラフィックバス I/F | AGP 1.0 | | | | | | | | ■ | ■ | ■ | ■ |
| オンボードサウンド | AC97 | | | | | | | | ■ | ■ | ■ | ■ |
| PC 全体設計 | PC98：System Design Guide | | | | | | | | ■ | ■ | ■ | ■ |
| メモリ I/F | PC100，… | | | | | | | | | ■ | ■ | ■ |

を図るために独占的に標準技術を使うことを阻止するためであった（Gawer and Cusumano, 2002）。それに対し，1394では中心になって規格を策定してきたアップルが必須特許に関し1ドル／ポートのロイヤリティを発生させようとした。結局，1999年に1394ライセンス事務局（パテントプール管理団体）が設立され，当初の予定よりも大幅に安い25セント／ポートを課金することで決着したが，1394を搭載した製品を販売した場合，特許ロイヤリティが有償であることには変わりなく，PCの周辺機器メーカーへ1394を普及させるには大きな足かせとなった（髙梨，2007a）。

### 4.1.2. ドライビングフォース（推進）組織の整備

標準を普及させるためには，標準策定を行う組織を作って魅力的な標準を迅速に策定するだけでは不十分であり，当該標準の採用者をドライビングフォース（推進）組織として組織化することが重要である。従来の標準化研究においてはこれまで標準策定組織に注目が集まりがちで，採用者を巻き込んで普及を促していく組織には目が向けられていなかった。

採用者の組織化は，当該規格が採用された製品間の相互運用性

(Interoperability) を実現させるのに重要な役割を果たす。相互運用性の達成とは，当該標準を採用して開発された諸製品をシステムの中で実際に使ったときに問題なく使える状態をさす。この組織で標準化に関する知識を共有し，問題が発生した場合には「窓口」として機能させて，相互運用性を達成させるのである。こうした組織に参加することで普及の初期段階にみられる規格仕様のわかりにくさや不具合に対し単独で対処するよりも短時間で対処することが可能となり，標準規格を採用しやすくなる。さらに，実装において生じた問題をこの組織にフィードバックするような仕組みを作ることで，標準関連の知識が一箇所に集約され，再利用や洗練が可能となる（高梨，2007b）。

このような例は，GSM 移動通信システムや USB にみられる。GSM 標準化プロセスは ETSI で規格が策定され，その標準を採用するネットワークオペレータと通信機器メーカー（エリクソン・ノキア等の欧州通信機器企業）で GSM MoU グループが組織化された（図2）。GSM MoU グループは，通信機器ソリューションを提供し非欧州オペレータの参入を加速させるとともに，相互接続性のための承認プログラム（Type Approval）の開発にも力を入れた。その結果，新規参入オペレータであっても，GSM でのサービスが可能となった（立本，2008）。

また USB の事例においては，インターフェース（以下 IF と表記）領域は複数デバイスとの相互運用性が非常に重要であるとの考えから，規格の策定組織（SIG）とともに相互運用性の検証組織，すなわち USB Implementers Forum を組織化した。このことが 1394 に対して USB が優位になるひとつの大きな要因になった（高梨，2007b）。

### 4.1.3. 段階的拡大

標準化によって新市場が創出されても，新しい協業・分業構造が決まるまでには時間がかかる。既存の協業構造や分業構造を再調整するからである。しかし，いったんこれらの構造が決まってしまえば，市場は急速に拡大する

**図2 標準のための2つの組織化**

標準のための2つの組織化：
標準策定の組織化と標準活用の組織化

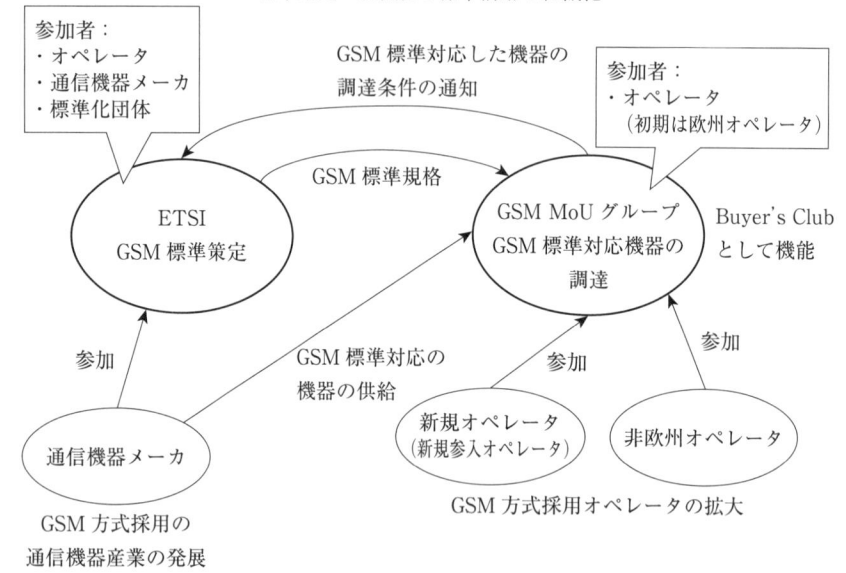

[図：ETSI（GSM標準策定）とGSM MoUグループ（GSM標準対応機器の調達）の関係を示す。ETSI参加者：オペレータ、通信機器メーカ、標準化団体。GSM MoUグループ参加者：オペレータ（初期は欧州オペレータ）。Buyer's Clubとして機能。ETSIからGSM MoUグループへGSM標準規格が提供され、GSM MoUグループからETSIへGSM標準対応した機器の調達条件の通知が行われる。通信機器メーカはETSIに参加し、GSM標準対応の機器の供給を行う（GSM方式採用の通信機器産業の発展）。新規オペレータ（新規参入オペレータ）および非欧州オペレータがGSM MoUグループに参加する（GSM方式採用オペレータの拡大）。]

可能性がある。したがって，段階的に標準化を行うことで，普及スピードを加速することが可能である。GSM携帯電話の事例では，初期市場（欧州市場）と拡大市場（世界市場）というように二段階での標準化が行われた（図3）。この結果，米国のIS-54方式（CDMA方式）や日本のPDC方式といった移動通信システムとは異なり，GSM標準は広くグローバルに受け入れられ，エリクソンやノキア等の欧州通信機器企業はグローバル市場へ進出することが可能となった（立本，2008）。

## 4.1.4. コンセンサス形成による市場創造

ユーザー（標準化された製品・サービスの使用者。以下の例では，半導体メーカー）とサプライヤー（標準化された製品・サービスの提供者。同じく，半導体装置メーカー）が合意形成しコンセンサス標準を策定することに

## 図3　二段階の標準化

二段階の調整

【標準化領域】　　　　　　　【通信機器調達の領域】

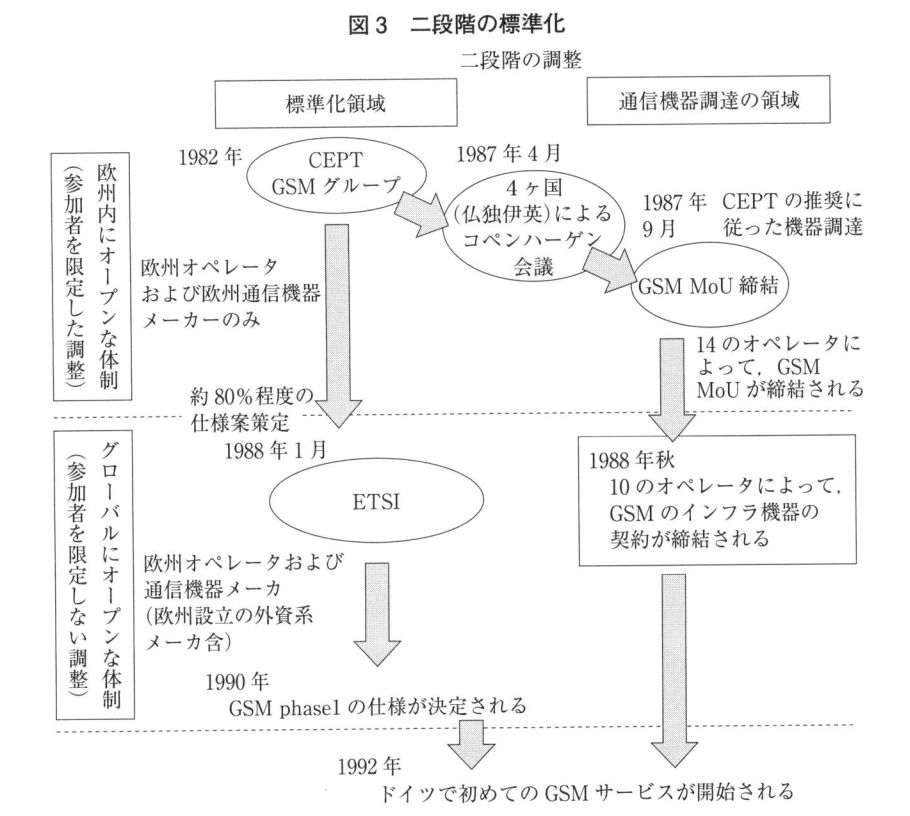

欧州内にオープンな体制（参加者を限定した調整）

- 1982年　CEPT GSMグループ
- 欧州オペレータおよび欧州通信機器メーカーのみ
- 1987年4月　4ヶ国（仏独伊英）によるコペンハーゲン会議
- 1987年9月　CEPTの推奨に従った機器調達
- GSM MoU締結
- 約80％程度の仕様案策定
- 14のオペレータによって，GSM MoUが締結される

グローバルにオープンな体制（参加者を限定しない調整）

- 1988年1月　ETSI
- 欧州オペレータおよび通信機器メーカ（欧州設立の外資系メーカ含）
- 1988年秋　10のオペレータによって，GSMのインフラ機器の契約が締結される
- 1990年　GSM phase1の仕様が決定される

1992年　ドイツで初めてのGSMサービスが開始される

よって，今まで存在しなかった新市場を作り出し，標準規格を採用した製品を迅速に普及させることが可能である。市場競争によるデファクト標準規格よりもコンセンサス標準規格の方がユーザーとサプライヤーの関係を迅速かつ広範に調整できる可能性が大きいからである。

たとえば1990年代に行われた半導体装置の300mm口径ウェハ対応装置の標準化においては，300mmウェハ対応装置において標準規格を広範囲に作ることにより，そもそも存在しなかった「300mmウェハ対応装置」という市場を作り出した。それ以前の装置市場は，市場競争を通じてデファクト標準規格が形成されていたが，巨額の投資が必要な300mmウェハ対応装置

開発の際に初めて本格的にコンセンサス標準の場を設置した。これにより，投資リスクは減少し，開発規模の大きさからは従来では考えられないほどの迅速さで，300mm対応装置市場が確立された（富田・立本，2007）。

## 4. 2. 標準化リーダーのポジショニング戦略

標準化リーダーは標準確立においていかに標準規格を普及させるかといった「普及戦略」だけでは利益を上げることはできない。これを可能にするのが，標準規格によって形成された市場で事業の収益化を狙う「ポジショニング戦略」である。「ポジショニング戦略」とは「標準化されていない領域を見極めて自社の事業空間をうまくポジショニングする戦略」である。

標準化リーダーは，標準化に伴う製品アーキテクチャのシフトを普及段階から考慮に入れて標準化を進めると同時に自社のポジショニングを行うことが重要である。

標準の体系は，全体システムの特定のサブシステムにおいて構築されている。サブシステムが標準化されると，付加価値は標準化領域から非標準化領域へとシフトする。というのは，一般に，標準化によってオープンにされた領域の情報は広く共有されるため付加価値は蓄積されにくいが，逆に，差別化の源泉となるノウハウがブラックボックス化されているクローズド領域には付加価値が蓄積されやすいからである。このように，標準化には，標準化領域から別の領域に付加価値をシフトさせる作用があり，それを捉えてポジショニングすることが重要となる。次に，ケーススタディから明らかになったポジショニング戦略の成功要因について説明する。

### 4. 2. 1. オープン化と国際分業

標準化は危機にもチャンスにもなる。既存企業にとって既存のビジネスドメインが標準規格化の対象となり製品・製造に関する知識がオープン化されてしまうことは，必ずしも歓迎できるものではない。しかし知識を持たない新規参入企業にとってはビジネスチャンスである。標準規格に合致した製品

さえ供給できれば，その市場で優位を勝ち取ることができるからである。加えて，標準化された製品の製造は，新興国企業で行うほうが先進国企業で同様のことを行うよりも低コストで実現でき，標準化された製品・部品を生産しても十分に利益を出せる。

こうした違いをうまく利用して標準化を利用してオープン化を図りつつ新興国との国際分業体制を構築したのがインテルである。前述のマザーボードの例においては，インテルは1995年にATX規格というマザーボード規格の標準化を推進し，台湾マザーボードメーカーによる採用を強力に支援した。これによって台湾メーカーは，既存の大手メーカーに太刀打ちできるチャンスを手に入れた。インテルも，台湾メーカーを通して特定のマザーボードに依存することなしに自社のCPUを搭載したPCの大量普及に成功した（図4）。

そのときインテルは，CPUとチップセットから成るプラットフォームのマザーボードへの外部IFのみを標準化しただけで，プラットフォーム内部はブラックボックス化して特許によって保護した。このため，同プラットフォーム内部に互換CPUメーカーは参入することができなかった（立本，2007；新宅・立本，2007）。このように標準化リーダー企業は，自社のコア事業領域はブラックボックス化し利益を確保しながら，同時に，システムの一部を標準化して新興企業の新規参入を促進しシステム全体の市場普及を促進する国際分業を構築することが可能なのである。

## 4.2.2. ブラックボックス領域からのオープン領域のコントロール

標準化によってオープン領域となった分野でも，標準化リーダー企業が標準化した領域とそれ以外の領域の相互依存性を武器に競争力を保持することができる場合がある。

たとえば，GSM携帯電話においては標準化が広範囲に行われ，特に端末分野に関しては詳細に標準規格が策定されてオープン領域にある。しかしそれとは対照的に，制御基地局内部はほとんど標準規格化されずクローズド領

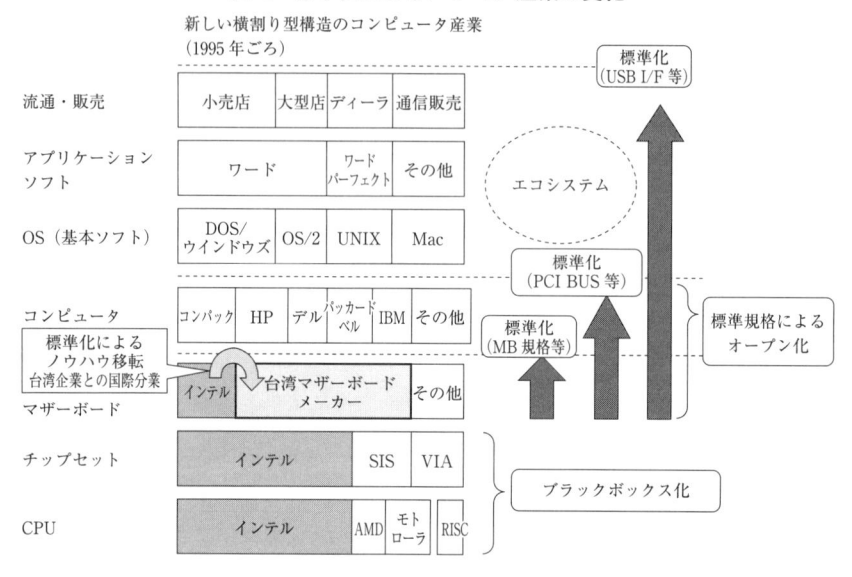

## 図4 標準化によるパソコン産業の変化

新しい横割り型構造のコンピュータ産業
（1995年ごろ）

| 流通・販売 | 小売店 | 大型店 | ディーラ | 通信販売 | | |
| --- | --- | --- | --- | --- | --- | --- |
| アプリケーションソフト | ワード | | ワードパーフェクト | その他 | | |
| OS（基本ソフト） | DOS/ウインドウズ | OS/2 | UNIX | Mac | | |
| コンピュータ | コンパック | HP | デル | パッカードベル | IBM | その他 |
| マザーボード | インテル | 台湾マザーボードメーカー | | その他 | | |
| チップセット | インテル | | SIS | VIA | | |
| CPU | インテル | | AMD | モトローラ | RISC | |

標準化によるノウハウ移転
台湾企業との国際分業

標準化（MB規格等）
標準化（PCI BUS等）
標準化（USB I/F等）

エコシステム

標準規格によるオープン化

ブラックボックス化

---

域（ブラックボックス部分）となっている（図5）。

　GSMシステムでは，携帯端末と制御基地局間は通信プロトコルというオープンIFによって繋がれている。しかしプロトコルは定期的に改訂されるため，改訂のたびに端末メーカーは新携帯端末と制御基地局間の接続性を検証しなくてはならない。GSMの標準化リーダー企業（エリクソン・ノキア等の欧州通信機器企業）は，ブラックボックス化している制御基地局事業を持っているが，新規参入した企業は端末事業しか保持していない。定期的なプロトコル改訂や端末と制御基地局との相互依存性のため，新規参入メーカーは低価格端末を思うように大量販売することができないのである。この結果GSM標準化から10年以上にわたって，新規参入したメーカーではなく標準化リーダーである欧州通信機器メーカーが端末市場で高シェアを維持することに成功した。

　このように標準化リーダーは，上手に標準規格を設計することにより，クローズド領域（ブラックボックス部分）からオープン領域をコントロール

**図5 GSM 携帯電話におけるオープン領域とブラックボックス領域**

オープン領域に依存性を発生させる
・GSMA による接続品質コントロール
・GSM プロトコルの進化

オープン領域だがインフラ市場の影響を強く受ける

無線インターフェース通信
詳細に標準化が進むオープン部分

携帯端末　携帯端末　携帯端末

オープン領域

制御基地局
ほとんど標準化がされないブラックボックス部分（基地局／制御局間通信）

基地局
非公開インターフェース（A-bis I/F 等）
基地制御局

クローズド領域

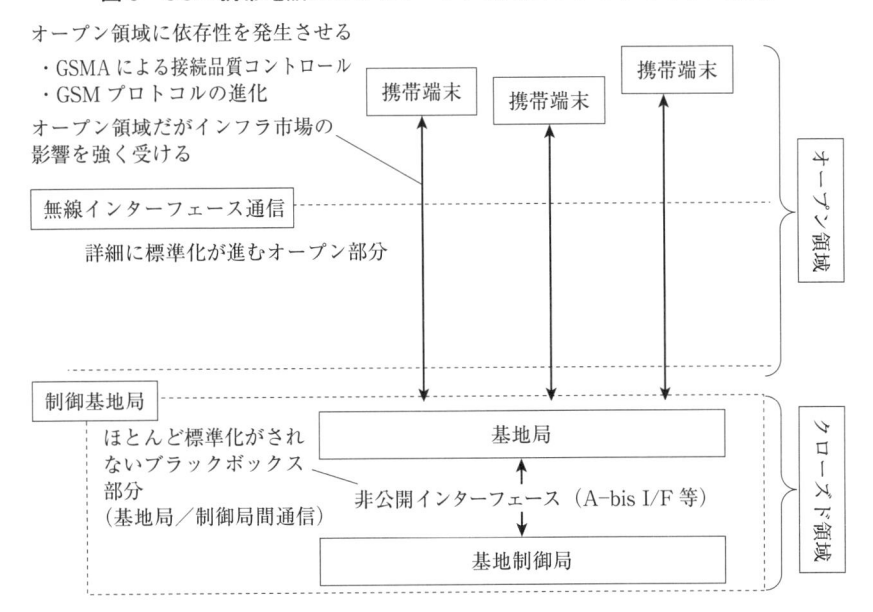

し，オープン領域での競争力を獲得することができるのである（立本, 2008）。

## 4.2.3. 必須特許化とライセンスによる国際分業

同じ携帯電話産業であっても，CDMA 方式においては米国のクアルコムが，韓国企業が CDMA 対応の端末を生産すればするほど利益が入ってくる仕組みを構築している。韓国では国産デジタル交換器「TDX」の開発成功後，次世代通信として GSM 方式と CDMA 方式のどちらを採用するか検討していたが，1993 年に CDMA 方式を採択した。この決定の背景には，欧州GSM リーダー企業よりも CDMA を推進するクアルコムのほうが技術移転に積極的だったことが指摘されている。上述のように GSM の標準化に参加していた欧州企業にとって通信インフラ設備は事業の柱であり，GSM 方式における必須特許は限定された企業間のクロスライセンスによって処理され

ている。このため，彼らはGSMのインフラ設備の提供（販売）には積極的であったが，GSM技術の提供には消極的であった。これに対しCDMA方式の採用者を極力増やしたかったクアルコムは積極的に技術移転する一方で，CDMA機器販売の売上に応じたロイヤリティを得るという契約を韓国企業と結んだ。さらにクアルコムでは同社の技術ノウハウを埋め込んだ半導体チップを韓国企業に販売している。

この結果，韓国は早期の技術移転に成功した。現在，韓国企業は10億台といわれるグローバル市場で韓国企業であるサムスンとLGの2社がTOP5にランクインしている。技術移転元であるクアルコムもロイヤリティの支払いを受けることができ，先進国企業と新興国企業が標準規格の普及から同時に利益を上げることができたのである（朴・文・立本，2008）。

## 4.3. 標準化周辺企業の普及戦略

自社の技術を基に標準化を積極的に主導して新市場を形成しようとする標準化リーダー企業と，主導はしないものの，標準化によって形成された新市場や周辺市場に対して自社の事業領域を柔軟に変化・適応させる標準化周辺企業が存在する。

たとえば，完成品メーカーに部品・材料を提供する企業などがそのような立場をとることが多い。標準化は大きなシステムのある特定のサブシステムに対して行われるものであり，事業に大きな影響を与えるからである。このような部品・材料提供企業を標準化周辺企業と呼ぶ。

標準化周辺企業は標準規格の主導企業ではないが，これは標準化周辺企業が標準化プロセスに無関心であることを意味しない。標準化周辺企業は，標準化プロセスに情報を獲得するために参加したり，標準化リーダーに対して積極的に情報を提供したり，標準化リーダー企業から策定中の標準規格情報の提供を受けることによって，標準規格に自社技術が矛盾無く適合するようにしている。この過程で標準化周辺企業は自社内に生産技術を蓄積したりサプライチェーンを構築したりする。

標準化リーダー企業と綿密な意思疎通・協力体制を構築することにより，標準化周辺企業は標準規格決定後，直ちに部品や材料を標準化リーダー企業に提供することが可能となる。この意味で，標準化周辺企業も標準規格の普及促進に大きな役割を果たしているのである。以下は，ケーススタディから明らかになった周辺企業の普及戦略の成功要因である。

### 4.3.1. 標準化リーダーとの協力体制

　DVD規格の標準化を行ったDVDフォーラムではソニー，パイオニアが標準化リーダーとして活躍した。それに対し，記録用DVDメディア向けに色素材料を提供していた化学メーカーは典型的な標準化周辺企業であり，三菱化学メディア，太陽誘電，三井化学が存在した。三菱化学メディアはパイオニアと，太陽誘電はソニーと協力体制を構築し，自社が技術的優位にある色素を前提とした情報を標準化リーダーに提供し，標準化リーダーからのフィードバックを得た。これにより，この2社は規格に対応した記録メディアを迅速に市場に導入し，記録用DVDの普及に大きな役割を果たした。一方，三井化学は標準化リーダーではない台湾系光ドライブ企業などと幅広い関係構築を行おうとした。台湾系光ドライブ企業は標準規格に対応した製品を大量に生産するが，標準規格を策定する標準化リーダーではない。このため，標準化リーダーと協力関係を構築した標準化周辺企業に比べて，関係構築できなかった企業は生産技術や生産設備，サプライチェーンの構築に困難が伴った（小川，2006）。

　標準化周辺企業は，標準化リーダーとの関係構築に成功することによって，生産技術やサプライチェーン構築の点から優位に立つことができ，自社に有利な標準規格の普及促進を達成できるのである。

### 4.3.2. 補完的な標準化リーダーの発見

　記録用DVD規格のもうひとつの標準化周辺企業は光ピックアップ（OPU）のサプライヤー企業である。OPUは光ドライブの基幹部品であり，

ソニーやパイオニアといった標準化リーダー企業はOPUを内製していたが，必ずしも，すべての標準化リーダー企業がOPUを内製しているわけではなかった。三洋電機はOPUを内製していない標準化リーダー企業にOPUを提供することで強力な部品ビジネスを立ち上げることに成功した。さらに，同社の部品ビジネスは，4.4.2.項で説明しているプラットフォームビジネスへと発展した（小川，2006）。

コンセンサス標準化プロセスには，様々な企業が標準化リーダーとして参加するため，標準化に必要な基幹部品といえども内製していない企業も存在する。標準化周辺企業は標準化プロセスを注意深く観察することにより，自社と補完的な関係にある標準化リーダー企業を見つけ出し，関係構築を行うことで成功することができる。標準規格普及の観点からいえば，自社で基幹部品を内製していない標準化リーダー企業も，補完的な標準化周辺企業の存在によって，標準規格に対応した製品を迅速に市場導入することが可能になる。すなわち，標準化リーダー企業と補完的な標準化周辺企業の関係構築は，標準規格の普及を加速するのである。

## 4.4. 標準化周辺企業のポジショニング戦略

標準化によってシフトした付加価値を自社に有利なように事業分野に取り入れ，新たな事業領域を設定するポジショニング戦略は，以下に示すように標準化リーダー企業ばかりでなく，標準化周辺企業においても有効である。

標準化周辺企業では，この付加価値シフトのメカニズムを見据えて付加価値が蓄積しやすいように標準化された領域以外のアーキテクチャを再編する。

具体的には，シフトした付加価値は，全体のアーキテクチャの中で標準化が行われたレイヤーの上位もしくは下位レイヤーに蓄積される。上位レイヤーとは，製品機能を論理統合して標準規格の違いをユーザーに意識させなくする論理レイヤーであり，下位レイヤーとは，完成品を構成する部品部材などのレイヤーである。

どちらのレイヤーに付加価値が集中するかは，標準を設定したレイヤーでイノベーションが起きているか，飽和しているかによる。標準を設定したレイヤーでイノベーションが起きており，複数の規格間でどれが標準に落ち着くかわからないような技術が流動的な場合，それらを統合する上位レイヤーに付加価値がシフトする。一方，標準規格が普及しイノベーションが飽和している場合は，下位レイヤーに付加価値がシフトする。なぜなら標準化されたレイヤーでは新規参入が増え付加価値が取り合いになるため，その下位レイヤーで付加価値を創出したほうが利益に結びつくためである。周辺企業のポジショニング戦略は標準が設定されたレイヤーの上下どちらか，あるいはその両方に自らをポジショニングし，その周辺のアーキテクチャを再編して付加価値を集中させて収益を上げようとする戦略である。

### 4.4.1. 上位レイヤーへの位置取り

標準化されたレイヤーでイノベーションが起きている場合，周辺企業はその標準化領域とエンドユーザーの間の上位レイヤーにポジショニングすることによって，付加価値を獲得できる可能性がある。

物理レイヤーのみで製品が構成されていたハード中心のメカニカルな時代から MCU によるデジタル制御を前提としたソフト中心の時代になって，論理レイヤー（ソフト）によってもアーキテクチャの変更を柔軟にできるようになった。このような例は，記録型 DVD 規格競争に見出せる。当初，記録型 DVD 規格は，DVD-R，DVD+R，DVD-RAM など複数の規格が存在した。パイオニア，ソニー，Philips，三菱化学，リコー，ヤマハなど多くの企業がそれぞれの立場で連合して異なる規格を推奨したからである。そして，それらの規格間では，双方向の互換性が達成できなかった。このような状態の中，DVD 装置企業では，DVD-R と DVD+R の違いを装置側で吸収し DVD-ROM も再生することができる DVD Dual を，さらには DVD-RAM までサポートする DVD Super Multi Drive（SMD）を開発し，市場を席巻した。アナログ時代では不可能だった物理的に異なる複数規格の統合をファ

ームウェアによって1つの装置で達成し，複数規格間のイノベーションの付加価値を獲得することができたのである（小川，2007）。

### 4.4.2. 下位レイヤーへの位置取り

　標準規格が普及しイノベーションが飽和している場合，完成品からそれを構成する部品部材などの下位レイヤーに付加価値がシフトすることがある。なぜなら，標準化によって装置が実現すべき機能およびそれを実現する中核部品が確定するからである。

　この場合，いくつかの部品を統合してプラットフォームとして提供するなど，アーキテクチャを変更することでより大きな付加価値を獲得できる。

　この例はDVDプレイヤーにおいて三洋電機が構築したプラットフォーム戦略に見出すことができる（図6）。三洋電機はDVDドライブを生産するメーカーであったが，DVD規格競争が終息して各社がDVDドライブの倍速競争に走っていた2001年，DVDプレイヤーに対してDV34と呼ばれるトラバース・ユニットとメディア・ローディング機構を一体化したトラメカ・プラットフォームの提供を開始した。DV34は，CDとDVDの2つの波長に対応しており，部品点数の削減によって低コスト化が図られたばかりでなく高い信頼性を確保した。さらにこのトラメカに共振防止メカニズムを組み込むことで，当時問題となっていた物理的な回転ノイズを克服することにも成功した。この三洋電機のトラメカ・プラットフォームは当時のDVDプレイヤーのプラットフォーム部品となった。三洋電機は，DVD規格が定まると，ビジネスの中心をドライブビジネスからその下位レイヤーである部品ビジネスのレイヤーに移行させた。その結果，同社はドライブで付加価値を取ることはできなかったが，それをはるかに超える付加価値をプラットフォーム部品ビジネスから得ることができた。同社のプラットフォーム部品は，Video CDプレイヤー生産を行っていた中国企業の安価なDVDプレイヤーに組み込まれ，世界中に普及した（小川，2007）。

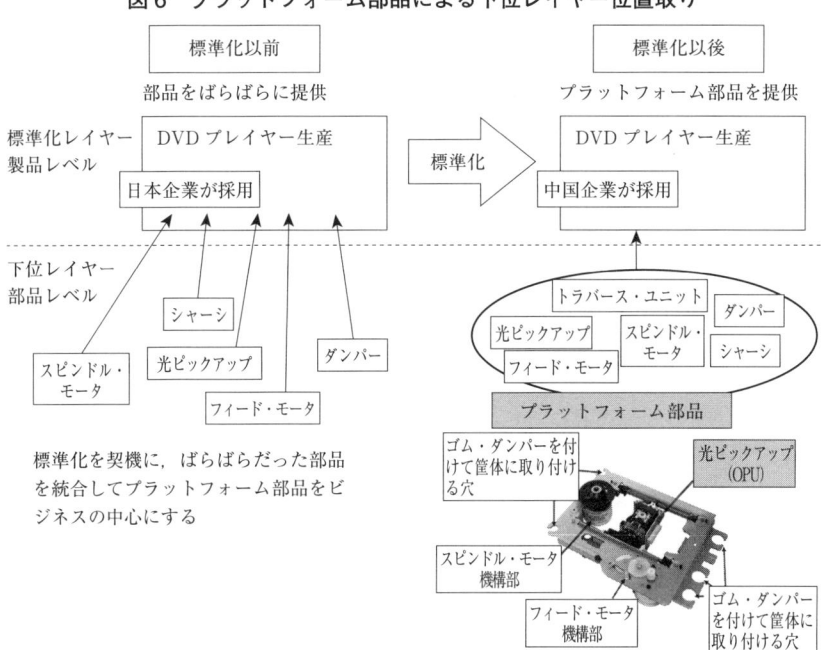

第2章 標準規格をめぐる競争戦略　35

**図6　プラットフォーム部品による下位レイヤー位置取り**

[標準化以前：部品をばらばらに提供／DVDプレイヤー生産（日本企業が採用）／下位レイヤー部品（スピンドル・モータ、シャーシ、光ピックアップ、フィード・モータ、ダンパー）]

→標準化→

[標準化以後：プラットフォーム部品を提供／DVDプレイヤー生産（中国企業が採用）／プラットフォーム部品（トラバース・ユニット、光ピックアップ、フィード・モータ、スピンドル・モータ、ダンパー、シャーシ）]

標準化レイヤー製品レベル
下位レイヤー部品レベル

標準化を契機に，ばらばらだった部品を統合してプラットフォーム部品をビジネスの中心にする

[三洋電機のトラメカ・プラットフォームの例：ゴム・ダンパーを付けて筐体に取り付ける穴、スピンドル・モータ機構部、フィード・モータ機構部、光ピックアップ（OPU）、ゴム・ダンパーを付けて筐体に取り付ける穴]

三洋電機のトラメカ・プラットフォームの例
写真引用：小川（2007）

## 4.4.3. 上位・下位両レイヤーへの両位置取り

　上位・下位レイヤーに両位置取りする戦略は，上位レイヤーへ位置取りすることによってエンドユーザーの情報を獲得しながら，下位レイヤーの部品の付加価値を持続的に高いレベルに保つ戦略である。

　三菱化学メディアは記録型DVDメディアのメーカーであったが，記録型DVDが標準化されたタイミングでビジネスを大きく変更し，上位レイヤーと下位レイヤーに特化した事業体を作り上げ，多数の日本のディスクメーカーが苦戦する中で，この市場から収益を持続的に上げることに成功した。もともと三菱化学メディアは，色素材料の生産，光ディスクの生産，ブランドを付けた販売を全て自社で一貫して行っていた。同社は標準化リーダーであ

る光ディスク装置企業と密接に連携をとりながら自社の色素材料を前提とした規格案の標準化に成功した。しかし，同社の成功要因は自社ノウハウを標準に組み込んだことに限定されるものではなく，標準化後，自社事業を再編したことにある。

　標準規格確定後，多数の新興国企業がDVDメディア市場に参入し安価なインフラコストや低コストオペレーションを武器にシェアを伸ばし始めた。これを見て同社は自社事業の再編を決意した。三菱化学メディアは自社の色素材料を前提とした生産装置を設備メーカーと開発し，ターンキーソリューションとして新興国企業に提供してメディア生産を促した。そして自らは付加価値の集まる材料（DVDメディアの色素）と流通（ブランド）に集中するという転換を図った（図7）。

　色素は記録型DVDの記録層を構成する基幹材料であり，Write Strategy（光ディスク装置のレーザー制御書込・読込を行うプログラム），スタンパー（メディアを成型する超精密原盤），スピンコート（色素と溶剤との組合せ）等を介して光ディスク装置やメディア製造装置と強い相互依存性を持っている。特にメディアの記録速度競争下では相互依存性によって生じる調整問題が大きくなるので，光ディスク装置や生産装置と調整済の同社の色素材料が新興国企業に好んで使われた。

　一方，新規参入した新興国企業は一般に流通チャネル開拓力が弱く，光ディスクを大量生産したとしても，それを販売する流通チャネルを構築することが難しい。それに対して三菱化学メディアはかつての一貫体制において構築した流通チャネルを利用することができた。同社は流通チャネルから得られる市場情報を基に要求品質や最終消費地，需給バランスを念頭に置きながら，色素材料を新興国企業に提供し，彼らが生産する光メディアを買い取り，自社の流通チャネルで販売した。こうすることによって無駄な価格下落を押さえながら，堅調な販売拡大を達成することができたのである。

　結局，三菱化学メディアは普及戦略として標準化リーダー企業と戦略的連携を行い，自社色素を基にした仕様を標準規格に組み入れたばかりでなく，

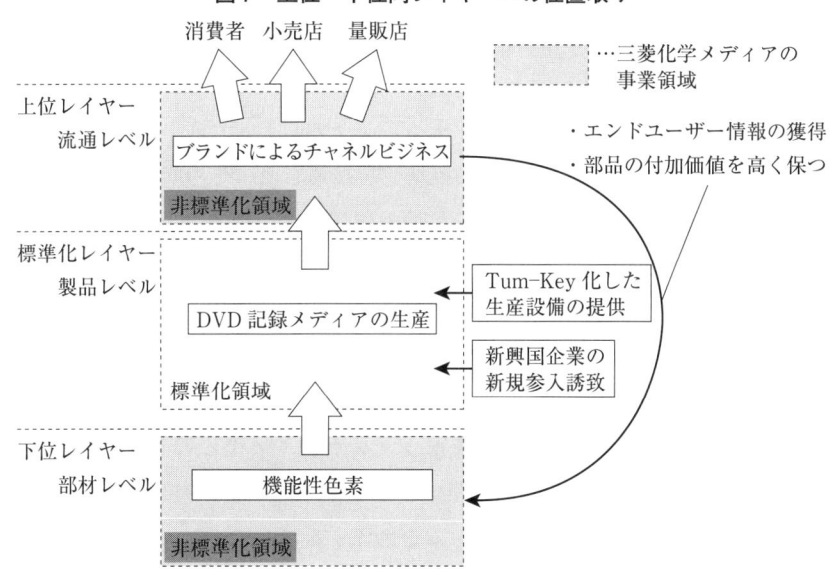

## 図7 上位・下位両レイヤーへの位置取り

```
                消費者  小売店  量販店
                  ↑      ↑      ↑         ▭ …三菱化学メディアの
上位レイヤー   ┌──────────────────────┐         事業領域
流通レベル    │ ブランドによるチャネルビジネス │ ← ・エンドユーザー情報の獲得
              │    非標準化領域              │   ・部品の付加価値を高く保つ
              └──────────↑──────────┘
標準化レイヤー ┌──────────────────────┐
製品レベル    │  DVD記録メディアの生産      │ ← Turn-Key化した生産設備の提供
              │    標準化領域                │ ← 新興国企業の新規参入誘致
              └──────────↑──────────┘
下位レイヤー  ┌──────────────────────┐
部材レベル    │    機能性色素                │ ←
              │    非標準化領域              │
              └──────────────────────┘
```

ポジショニング戦略として付加価値が集まる領域を察知して事業再編を行い新興国企業との協業体制を確立して持続的な収益化に成功したのである（小川，2007）。

## 5. 考 察

　本研究では，コンセンサス標準化をめぐって企業が収益化を行う戦略について，戦略目標と企業立場という分析フレームワークを用いながら複数事例を横断的に分析した。4.で取りあげた12のケーススタディそれぞれの戦略目的と企業立場における成功要因を図8にまとめた。図8では「普及戦略」と「ポジショニング戦略」を同時に実行している事業を「標準化ビジネスモデル」と定義し，矢印で関連しているケースを結んだ。また「標準化ビジネスモデル」を実行している企業名（括弧内）を示した。

　12のケースタディのうち，実に9つのケースで「標準化ビジネスモデル」

が確認できた。つまり「普及戦略」と「ポジショニング戦略」の間には，両戦略を同時に実行するビジネスモデル（標準化ビジネスモデル）が存在することが示された。

たとえば標準化リーダー企業であるインテルは自社のCPUを搭載したPCを普及させるためにいくつもの標準化を推進した。その際，オープン度の設定（図8-①）を巧みに行って自社の領域をブラックボックス化した。その一方で，標準化したマザーボードにおいては，台湾メーカーとの間に国際分業体制を構築し（図8-⑤），収益を確保したのである。

GSM事例においては，エリクソン・ノキア等の欧州通信機器企業は普及段階でGSM端末メーカーを組織化し（図8-②）段階的に市場拡大した（図8-③）。その一方で，制御基地局をブラックボックス化し，オープンIFである通信プロトコルが改訂される際には端末が制御基地との接続性を絶えずチェックしなければならないシステムを形成することで，端末市場をコントロールし（図8-⑥），それによって新興国メーカーにシェアを奪われることなく，長期にわたって高シェアを維持することに成功した。パソコンとGSMの事例で共通しているのは，普及戦略とポジショニング戦略が同時に構想されているという点である。

標準化周辺企業でも同様の現象が観察された。記録用DVDの標準化事例では，記録用光学メディア向けに機能性色素を提供する化学メーカー（標準化周辺企業）は標準化リーダーに技術情報を提供し，自社の機能性色素を前提とした標準規格策定を支援した（図8-⑧）。それと同時に，標準化による付加価値変化に対応しながら上位・下位レイヤーに自らの事業領域を再編した（図8-⑫）。

同じく標準化周辺企業である光ピックアップ部品企業は，補完的関係にある記録用光学装置の標準化リーダーと新たな関係を構築し（図8-⑨），同時に，自らの事業領域を標準化領域の下位レイヤーに集中することで付加価値変化に対応した事業構築に成功した（図8-⑪）。

コンセンサス標準化で普及戦略とポジショニング戦略の2つの戦略が互い

## 図8　普及戦略・ポジショニング戦略と標準化ビジネスモデル

(企業名) ←——→ …標準化ビジネスモデルが成立している事例
（普及戦略とポジショニング戦略を同時に実行）

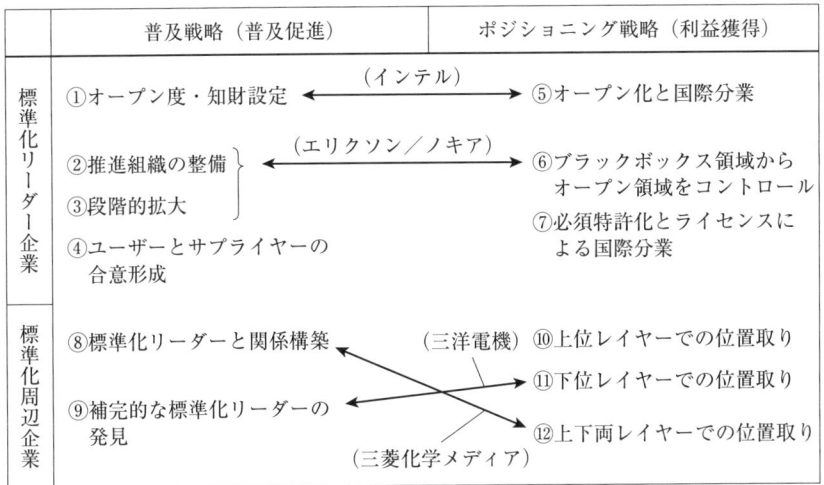

|  | 普及戦略（普及促進） | ポジショニング戦略（利益獲得） |
|---|---|---|
| 標準化リーダー企業 | ①オープン度・知財設定　（インテル）<br>②推進組織の整備　｝（エリクソン／ノキア）<br>③段階的拡大<br>④ユーザーとサプライヤーの合意形成 | ⑤オープン化と国際分業<br>⑥ブラックボックス領域からオープン領域をコントロール<br>⑦必須特許化とライセンスによる国際分業 |
| 標準化周辺企業 | ⑧標準化リーダーと関係構築　（三洋電機）<br>⑨補完的な標準化リーダーの発見　（三菱化学メディア） | ⑩上位レイヤーでの位置取り<br>⑪下位レイヤーでの位置取り<br>⑫上下両レイヤーでの位置取り |

に密接に影響しあう原因は，普及戦略で行われる標準化が製品アーキテクチャを変化させてしまい，それに伴って新しい分業構造が必要とされ，自らの事業領域の再編を意味するポジショニング戦略が求められるからであると考えられる。

　図9はこの変化を説明したものである。標準化対象の領域（標準化レイヤー）は，誰もが規格化された知識にアクセスできるオープン領域となる。アーキテクチャのオープン化は多数の新規参入を誘発し，オープン領域の付加価値は図9のαに示すように低下する。ここでは低付加価値でも十分収益を上げることができる新規企業や新興国企業が活躍する。一方，ブラックボックス領域で事業を行う企業は，オープン領域の多数の新規参入という事業環境変化を最大限に活用するために，自社の事業を再編してブラックボックス領域に集中したり，自社が提供する製品（部品）をプラットフォーム化したり，さらにはブラックボックス領域からオープン領域をコントロールする

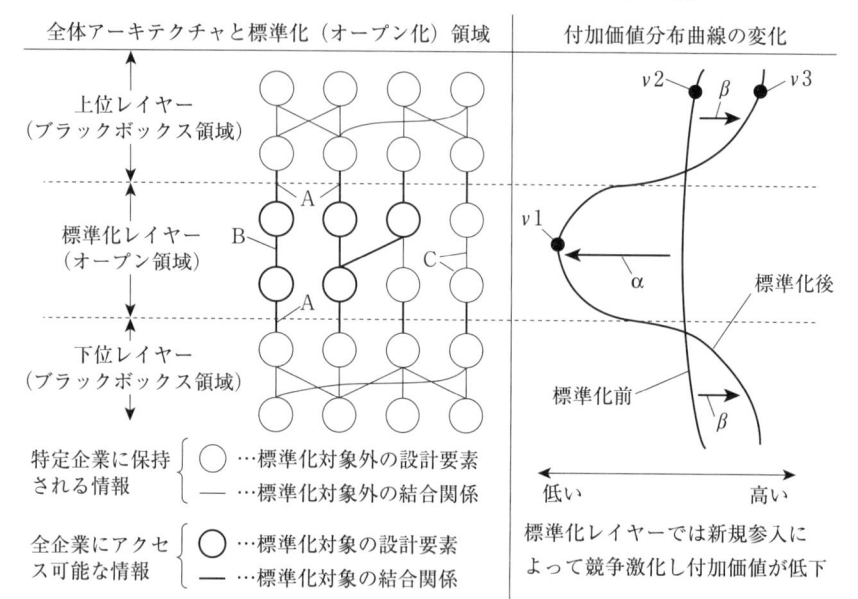

**図9 アーキテクチャのオープン化と付加価値分布変化**

全体アーキテクチャと標準化（オープン化）領域

上位レイヤー
（ブラックボックス領域）

標準化レイヤー
（オープン領域）

下位レイヤー
（ブラックボックス領域）

特定企業に保持される情報
- ○ …標準化対象外の設計要素
- ― …標準化対象外の結合関係

全企業にアクセス可能な情報
- ● …標準化対象の設計要素
- ― …標準化対象の結合関係

付加価値分布曲線の変化

$v2$, $β$, $v3$, $v1$, $α$

標準化後

標準化前

$β$

低い　　　高い

標準化レイヤーでは新規参入によって競争激化し付加価値が低下

ためのビジネスモデル再構築が必要とされる。この動きが図9のβに示すように，ブラックボックス領域の高付加価値化を引き起こし，最終的に標準化前から標準化後へと付加価値分布曲線に大きな変化を生じさせるのである。

　特に留意が必要なのは，βの力は普及戦略と同時に行ったポジショニング戦略によって生じるということである。多くの過去の研究では，オープン領域の設定や拡大だけに気をとられ，標準化後のブラックボックス領域・オープン領域の付加価値の変化に注目していなかった。

　標準化後のオープン領域の付加価値（図9の$v1$）と，標準化前のブラックボックス領域の付加価値（図9の$v2$）とを比較すればわかるように，ポジショニング戦略を行わなかったとしても，オープン領域と比べてブラックボックス領域の付加価値は高くなる。しかしαに示す付加価値低下の背後には新規企業・新興国企業の市場参入の多発が存在し，この変化を利用した

ポジショニング戦略をとった企業だけがβによる付加価値上昇（図9のv3）の恩恵を受けられるのである。ブラックボックス領域に2つの企業があるとき，一方の企業がポジショニング戦略をとらず，他方の企業がポジショニング戦略をとったとしたら，後者が競争優位を勝ち取る。ポジショニング戦略をとった企業は，αの力の背景にある新規参入という環境変化を事業収益化のために活用し，持続的にβの力を享受することができるからである。

このような標準化の原理を活用した企業戦略を標準化リーダーと標準化周辺企業に分けて説明すると次のようになる。

標準化リーダーにとって，普及戦略を進めることは標準化レイヤーだけでなく上下レイヤーを含めた全体アーキテクチャを設計することであり，同時にサプライヤーや新規参入企業との新しい分業構造を構想することを意味する。一般に標準化は図9のAに示すようにブラックボックス領域とオープン領域の間のインターフェースを規定し，そのインターフェース情報をオープンにすることと理解されている。しかし，実際には標準化はある一定の幅を持った領域（レイヤー）に対して行われる。そのため，図9のBに示すように設計要素や結合関係が詳細に規格化される場合もあれば，Cに示すように標準化領域にありながら標準化されない設計要素や結合関係もある。4.1.1.項で示したアーキテクチャのオープン度とは，B（標準化対象の設計要素）とC（非標準化対象の設計要素）の比率のことである。よりBの割合が多ければ，オープン度は高くなる。オープン度をどの程度にすれば良いのかは，どのようなポジショニング戦略をとるかに大きく依存する。

たとえば4.2.2.項で示したブラックボックス領域からオープン領域をコントロールする戦略の場合，自社独自の技術優位を，標準領域にありながら標準化されないCに埋め込むことにより，標準化から生じる利益の占有性が高まる。逆に4.2.1.項で示したようにオープン領域でも十分収益化できる低コストオペレーションの企業（たとえば新興国企業）との分業関係構築を前提とすれば，オープン度を高め，自らは専らブラックボックス領域に専念す

ることで事業の収益化を図ることができる。また4.2.3.項で示したように，標準化部分に特許を埋め込み必須特許化に成功すれば（図9のB），オープン化を進めることでライセンス料による収益化を図ることができる。このいずれのパターンでも，普及戦略とポジショニング戦略が強く関連していることがわかる。

次に標準化周辺企業のケースを説明する。普及戦略で標準化リーダー企業と関係構築することで，標準化周辺企業は標準化後の付加価値変化をいち早く理解し，事業シフトを行うポジショニング戦略の基盤を作ることができる。標準化リーダーと深い関係を構築することにより，標準化レイヤー内の標準規格化されるBや標準規格化されないCの存在を詳細に知ることができるからである。

たとえば4.4.1.項で示したように，オープン化領域で標準規格化される要素が多くても，それらが少しずつ異なる規格を許容していれば，上位レイヤーでその違いを吸収することで付加価値を得ることができる。逆に，標準化レイヤーが詳細に規格化されておりオープン度が高ければ，4.4.2.項で示したように下位レイヤーの設計要素を再編することで中核部品を含むプラットフォームを販売し，付加価値を得ることができる。さらには4.4.3.項で見たように，標準化リーダーと協力的な関係構築に成功すれば普及戦略段階で自社ノウハウを標準規格に組み込み，さらに，その後に起こる付加価値変化を察知して事業再編を行うことができる。4.4.3.項の例では，新興国企業が低コスト生産を武器にオープン領域へ新規参入することを促し，自社はブラックボックス領域に事業を集中しながら彼らと協業体制を構築することによって自社が提供する材料の付加価値を持続的に高く維持することに成功したのだ。いずれの場合も，標準化周辺企業は，普及戦略で標準化レイヤー内のオープン度を知り付加価値分布への影響を理解することによって，事業シフトを行うポジショニング戦略が可能となるのである。

## 6. まとめとインプリケーション

　本研究の貢献はコンセンサス標準化で事業の収益化を目指すには，普及戦略とポジショニング戦略の同時構想したビジネスモデルが極めて重要である点を明らかにしたことである。収益化に成功した標準化リーダー企業・標準化周辺企業はともに，標準規格の確立を目指しながら普及戦略を遂行し，同時に，標準化がもたらす付加価値分布の変化を察知して新たな分業構造に対応した事業領域・分業関係を構築するというポジショニング戦略を遂行していた。

　次に，本研究の学術的な貢献として，複数事例を比較分析しながら，標準化に代表されるアーキテクチャのオープン化が産業に及ぼす影響を明らかにした点が挙げられる。全体アーキテクチャの特定部分が標準化すなわちオープン化されると新規参入が促され，全体システムの付加価値分布変化と新分業構造がもたらされることが明らかになった。この結論は，アーキテクチャを取引コスト理論から捉えなおし，取引関係がどこに発生するかを理論的に分析した研究（Baldwin, 2007）とも一致している。

　生産装置・部品材料・完成品・流通サービスといったものづくり全体のアーキテクチャを考慮した場合，標準化による特定部分のオープン化は，新市場形成と新規参入によって付加価値分布を変化させ，既存の分業関係を破壊し，新しい分業関係を創出する。そして，ここで持続的な収益化に成功する企業は，新しい分業関係を活用し，自社事業の再編を達成できた企業である。

　この戦略的原理は，日本企業で観察される系列ネットワークによる競争優位の構築（Dyer and Nobeoka, 2000; Takeishi, 2002）とは対照的な仕組みである。系列ネットワークでは既存企業間の知識共有を基盤としながら，能力構築プロセスを経ることによって，効率的なプロダクション・ネットワークが創られる。しかし，オープン化によるプロダクション・ネットワークの構築は，新規参入者を含む幅広い企業に標準規格として知識を公開し，既存の分業関係を破壊し，活発な新規参入と新しい分業関係構築によって高効率性を実現する。言い換えれば，標準化は既存の優位性を無効にしながら，新規

の優位性に基づいた競争パターンを作り上げるのである。この意味で,様々な標準化の中でも特にコンセンサス標準化は企業戦略において有用性が高い。なぜならコンセンサス標準化は,全体アーキテクチャの「任意の領域」を新たに標準化の対象とすることができるからである。

最後に,本研究の結論から導き出される実務的インプリケーションとして「段階的・組織的に分断された標準化が決して望ましいものではない」という指摘が挙げられる。コンセンサス標準の規格策定は要素技術開発の直後に行われることが多い。そして市場競争を見据えた事業体制・分業構造の構想は,その後にされることが多かった。また,規格策定をするのは企業の中央研究所など要素技術開発を担当する組織であり,一方,事業体制や部品企業との協業・分業の構築は事業部組織が担当することが多かった。本研究の結論である「普及戦略とポジショニング戦略の同時構想」は,このような段階的・組織的に分断された標準化が危険であることを示唆している。標準化によるオープン化がもたらす付加価値分布変化を考慮し,標準規格策定時に,同時に,サプライヤーとの分業構造・自社事業領域の構想することが必要である。

本研究の限界として次のことが挙げられる。本研究は複数の事例研究を通じた探索的分析を基盤としている。このため結論のさらなる一般化・精緻化のためには,さらなる事例検討や統計を用いた量的分析が必要である。

イノベーションの大規模化に伴い,コンセンサス標準の必要性がますます拡大している。コンセンサス標準化のようなオープン化が企業戦略や産業構造・国際分業に与える影響,さらにはこの標準化プロセスに対する望ましい産業政策について多くの研究が今後必要であると思われる。

謝辞

元経済産業省標準化課長の辻義信氏には本研究を熱心に支援して頂いた。東京大学の小川紘一特任教授(当時)にはコンセンサス標準化事例の詳細な情報と示唆に富む助言を頂いた。東京大学の新宅純二郎准教授と京都大学の武石彰教授および標準化経済性研究会の

メンバーには厚い指導を受けた。また匿名のレフェリーにも貴重なコメントを頂いた。ここに記して感謝の意を表す。

注
(1) 本章は，立本博文・高梨千賀子（2010）「標準規格をめぐる競争戦略─コンセンサス標準の確立と利益獲得を目指して」『日本経営システム学会誌』，Vol. 26, No. 3, pp. 67-81 を基に若干の加筆修正を行ったものである。本研究は，平成22年度科学技術研究費補助金（若手研究（A））「大規模イノベーションにおける国際競争力構築メカニズム」（課題番号 22683007）の成果の一部を利用している。
(2) ただし，企業はこれら2つのタイプに明確に分かれるわけではない。企業は，経営資源の蓄積度に応じて，ある時点のある事業分野では標準化リーダーに，また他の時点の他の分野では標準化周辺企業にもなる。企業はこのように戦略を使い分けることが求められる。
(3) 2003年6月に経済産業省に「標準化経済性研究会」が設置され，標準化の経済的価値を検証する取り組みが開始された。活動は5年間続き，16分野200社以上へのインタビューが実施された。

参考文献

Baldwin, C. Y. (2007) "Where do transactions come from? Modularity, transactions, and the boundaries of firms," *Industrial and Corporate Change*, Vol. 17, No. 1, pp. 155-195.

Cargill, C. (1988) "A Five Stage Conceptual Model for Information Technology Standards," Paper Presented at the Telecommunications Policy Research Conference.

David, P. (1985) "Clio and Economics of QWERTY," *American Economic Review*, 75 (2), pp. 332-337.

DiMaggio, P. (1988) "Interest and Agency in Institutional Theory," in Lynne, G. Zucker (eds.) *Institutional Patterns and Organizations: Culture and Environment*, Ballinger Publishing, Cambridge, Massachusetts, pp. 4-21.

Dyer, J. H. and Nobeoka, K. (2000) "Creating and managing a high-performance knowledge-sharing network: the Toyota case," *Strategic Management Journal*, Vol. 21, pp. 345-367.

Farrell, J. and Saloner, G. (1985) "Standardization, Compatibility, and Innovation," *Rand Journal of Economics*, Vol. 16, No. 1, pp. 70-83.

Farrell, J. and Saloner, G. (1986) "Installed Base and Compatibility: Innovation, Product Preannouncements, and Prediction," *American Economic Review*, Vol. 76, No. 5, pp. 940-955.

Farrell, J. and Saloner, G. (1988) "Coordination through Committees and Markets," *Rand Journal of Economics*, Vol. 19, No. 2, pp. 235-252.

Farrell, J. and Shapiro, C. (1989) "Optimal Contracts with Lock-in," *American Economic Review*, Vol. 79, No. 1, pp. 51-68.

Fligstein, N. (2001) "Social Skill and the Theory of Fields," Paper wps, from Center for Culture, Organizations and Politics of the Institute of Relations, University of California, Berkeley.

Garud, R., Jain, S. and Kumaraswamy, A. (2002) "Institutional Entrepreneurship in the Sponsorship of Common Technological Standard: The Case of Sun Microsystems and Java," *Academy of Management Journal*, Vol. 45, pp. 196-214.

Gawer, A. and Cusumano, M. A. (2002) *Platform Leadership*, Harvard Business School Press, Boston, MA.

Iansiti, M. and Levin, R. (2004), *The Keystone Advantage: What the New Dynamics of Business Ecosystems Mean for Strategy, Innovation, and Sustainability*, Harvard Business School Press, Boston, MA.

Katz, M. L. and Shapiro, C. (1985) "Network Externalities, Competition, and Compatibility," *American Economic Review*, Vol. 75, No. 3, pp. 424-440.

Klemperer, P. (1987) "The Competitiveness of Markets with Switching Costs," *Rand Journal of Economics*, Vol. 18, No. 1, pp. 138-150.

Klemperer, P. (1995) "Markets with Consumer Switching Costs: An Overview with Applications to Industrial Organization, Macroeconomics, and International Trade," *Review of Economic Studies*, Vol. 62, No. 4, pp. 515-

539.

Leibowitz, S. J. and Margolis. S. E. (1999) "The Fable of the Keys," *Journal of Law and Economics*, Vol. XXXIII, pp. 1–23.

Oren, S. S. and Smith, S. A. (1981) "Critical Mass and Tariff Structure in Electronic Communications Markets," *Bell Journal of Economics*, Vol. 12, No. 2, pp. 467–487.

Paul, A. D. (1985) "Clio and the Economics of QWERTY," *American Economics Review*, Vol. 75, No. 2, pp. 322–337.

Rohlfs, J. (1974) "A Theory of Interdependent Demand for a Communications Services," *Bell Journal of Economics*, Vol. 5, No. 1, pp. 16–37.

Shapiro, C. and Varian, H. R. (1999) *Information Rules*, Harvard Business School Press, Boston, Massachusetts.

Takeishi, A. (2002) "Knowledge Partitioning in the Interfirm Division of Labor: The Case of Automotive Product Development," *Organization Science*, Vol. 13, No. 3, pp. 321–338.

Weiss, M. and Cargill, C. (1992) "Consortia in the Standards Development Process," *Journal of the American Society for Information Science*, Vol. 43, No. 8, pp. 559–565.

江藤　学（2008）「コンセンサス標準とは」収所　新宅純二郎・江藤　学『コンセンサス標準戦略』日本経済新聞出版社，第1章，pp. 1-35。

リボヴィッツ，S. J.（2004）「インターネットバブルの原因とその教訓」『一橋ビジネスレビュー』2004年夏号，pp. 22-34。

小川紘一（2006）「製品アーキテクチャ論から見たDVDの標準化・事業戦略―日本企業の新たな勝ちパターン構築を求めて」*MMRC Discussion Paper*, No. 64，東京大学ものづくり経営研究センター。

小川紘一（2007）「我が国エレクトロニクス産業にみるプラットフォームの形成メカニズム」*MMRC Discussion Paper*, No. 146，東京大学ものづくり経営研究センター。

小川紘一・立本博文（2009）「欧州のイノベーション政策：欧州型オープン・イノベーション・システムの構築」*MMRC Discussion Paper*, No. 281，東京大学ものづ

くり経営研究センター。

新宅純二郎・江藤　学（2008）『コンセンサス標準戦略―事業活用のすべて』日本経済新聞出版社。

新宅純二郎・立本博文（2007）「インテルに見る国際標準化の戦略的活用」『経済Trend』2007年6月号，日本経団連。

立本博文（2007）「PCのバス・アーキテクチャの変遷と競争優位―なぜIntelは，プラットフォーム・リーダーシップを獲得できたか」*MMRC Discussion Paper*, No. 171, 東京大学ものづくり経営研究センター。

立本博文（2008）「GSM携帯電話①標準化プロセスと産業競争力―欧州はどのように通信産業の競争力を伸ばしたのか」*MMRC Discussion Paper*, No. 191, 東京大学ものづくり経営研究センター。

立本博文・小川紘一・新宅純二郎（2008）「技術の収益化のための国際標準化とコア技術管理」『日本知財学会誌』第5巻, 第2号, pp. 4-11。

立本博文・高梨千賀子（2010）「標準規格をめぐる競争戦略―コンセンサス標準の確立と利益獲得を目指して」『日本経営システム学会誌』Vol. 26, No. 3, pp. 67-81。

高梨千賀子（2007a）「PC汎用インターフェースをめぐる標準化競争―USBとIEEE1394の事例」一橋大学大学院　博士論文。

高梨千賀子（2007b）「標準化プロセスにおけるOrganizing Discipline」研究・技術計画学会第22回年次学術大会報告要旨, 研究・技術計画学会。

高梨千賀子・立本博文（2008）「コンセンサス標準をめぐる競争戦略」財団法人経済産業調査会・知的財産情報センター編『知財プリズム』Vol. 6, No. 72 pp. 1-35。

富田純一・立本博文（2007）「半導体産業における標準化戦略―300mmシリコンウェハ標準化の事例に学ぶ」*SEMI NEWS*, Vol. 22, No. 3, SEMI。

中北　徹（1997）『世界標準の時代』東洋経済新報社。

朴　英元・文　桂完・立本博文（2008）「製品アーキテクチャ視点からの韓国移動通信産業の成功要因と企業戦略」*MMRC Discussion Paper*, No. 195。

山田　肇（1999）『技術競争と世界標準』NTT出版。

渡辺福太郎・中北　徹（2001）『世界標準の形成と戦略』財団法人日本国際問題研究所。

# 第3章

## 知財立国のジレンマ
―特許の使い方が主役になる時代の到来―

小川 紘一

## 1. 知財立国のジレンマとは何か

　長期的な成長を決定する要因は資本と労働と生産性であると，マクロ経済学が教えてきた。経済の供給サイドに働きかけて資本と労働の双方で量と質を高め，生産性を高めれば成長が高まる，という主張である。特に現在では，技術イノベーションが生産性に深くかかわるとされているので，まずこの主張を科学技術基本計画の予算から検証してみたい。

　1996年から2005年まで続いた第一期と第二期の科学技術基本計画に，合計39.7兆円が投入された。また2006年から2010年までの第三期ではさらに21兆円の税金が注ぎ込まれ，総計60兆円という巨額の税金が投入された[1]。巨額の国税投入を支えるのが，"技術イノベーションで成果が出れば需要が創出され，雇用も生まれ，経済が成長し，そして日本企業の国際競争力が高まる"，というリニアーモデル信仰の供給サイド的なイノベーション政策思想である[2]。

　巨額資金が投入された技術イノベーションの成果として，海外諸国に出願・登録される特許の数は世界的に見ても確かに圧倒的な量を誇る。例えば，2009年のWIPO Statistics Databaseによれば，2000年から2008年に

世界の五大特許庁（アメリカ，日本，中国，韓国，欧州連合）に日本から出願された特許の数が毎年40万〜45万件であり，アメリカと同等の数を誇る。また五大特許庁へ登録された特許の数も年に12〜17万件であり圧倒的な数を誇る。2007年からアメリカを追い越すまでになった。

　多くの大学が特許出願と技術移転を競い，少なからぬ社会学者が特許の質の評価方法を研究し，あるいは連名で出願される特許がイノベーションを担う研究者／技術者相互の協業とどのような関係があるのかを分析し，さらには特許創出のメカニズムを企業組織の在り方やコミュニケーション論と関係付けて議論できるまでになった。この意味で2002年から取り組む供給サイド主導の知財立国政策は，知的財産の創出という点でなら成功しつつあるように見える。

　しかしながら我々はここで少し立ち止まり，1990年代中期以降に我が国企業が経験したビジネス現場の実態を，冷静に受け入れなければならない。例えば1994年ころから開発が始まったDVDは，基本技術や製品開発はもとより市場開拓や国際標準化も全て日本企業が主導し，必須特許の90％以上を持っている（小川，2006a, 2006b）。この意味でDVDは，紛れもなく我が国を代表するプロダクト・イノベーションだったのであり，出荷が始まる1990年代の後半にグローバル市場で圧倒的な市場シェアを握った。しかしながらその後のDVD装置やDVDディスク媒体のビジネスでグローバル市場のリーダーとなったのは，必須特許を殆ど持たない韓国企業や台湾／中国企業である。

　我が国企業がDVDプレイヤーで市場シェアを急落させる様子を図1に示すが，DVDの実ビジネスで残っている企業はごく僅かに過ぎない。21世紀のDVD産業に見るこのようなジレンマは，すでに1990年代の後半のCD-ROM装置やCD-R装置から顕在化していた（小川，2008a）。さらに言えば，1980年代後半の据え置き型VTR装置にも見え隠れしていたのである（小川，2009bの1章）。

　液晶技術も30年にもおよぶ産学官連携によって開発に取り組んだ我が国

**図 1** グローバル市場で大量普及のステージになると我が国のエレクトロニクス製品が市場撤退への道を歩む―イノベーションの成果としての知財力が競争力に寄与していない

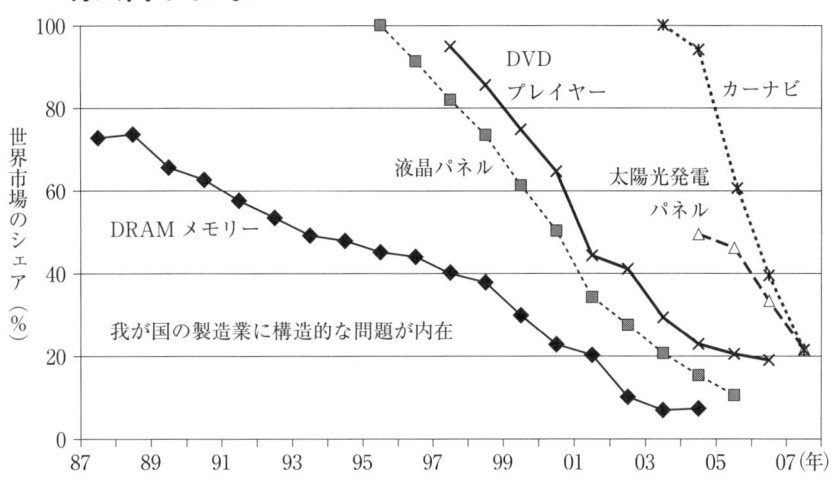

の代表的な技術イノイベーションである。2005年の4月25日までにアメリカで発行された登録特許（25,057件）を調べてみると，その87.5%を日本企業が占めており，韓国の11.1%や台湾の1.4%をはるかに凌ぐ。また日本で登録された特許の98.5%が日本企業のものであった。そして確かに1990年代の後半までなら，液晶パネルやテレビなどの表示装置で80%を超えるシェアを持っていた。我が国が液晶テクノロジーやプロダクト側のイノベーションで圧倒的な成果を上げたのは間違いない事実である。しかしながら図1に示すように，表示装置として大量普及が始まる1997～1998年ころから液晶パネルが競争力を失い，DVDと全く同じカーブを描いてグローバル市場のシェアが急落した（小川，2009a）。現在ではわずか10%前後のシェアを持つに過ぎない（大型テレビ用パネルのケース）。ここでもグローバ市場のビジネス・リーダーは，DVDと同じように，特許の質はもとより数さえも非常に少ない韓国や台湾の企業である。知財立国のジレンマが液晶関連製品でも観察される。

太陽光発電パネルはNEDO／産総研と大学およびそのパートナー企業が生み出した素晴らしいテクノロジーであり，プロダクトという点でも日本を代表するイノベーションであった。しかしながら大量普及が始まるタイミングの2005年から同じようにグローバル市場で競争力を失い，液晶パネルや半導体デバイスと同じ道を辿るという懸念さえ囁かれはじめた。2007年には日本企業がセル／モジュールで市場シェアを22％まで急落させたからである。2009年には15％以下となってさらに下降を続けている。大量普及の兆しが見えた時点から急落する姿は，DVDや液晶パネルと全く同じであった（図1）。政府の補助金が打ち切られたことでシェアを落としたという主張も一部にあるが，少なくとも2008年ころまでなら生産量の約70％を海外へ輸出していたので，この主張に説得力はない。

　21世紀の省エネ技術と期待される固体照明（LED照明）のケースでも，また世界で出願された特許（約107,000件）の70％を日本が占めるリチウムイオン電池でさえ，類似の兆候が見え隠れする。特許の数が非常に少ない海外企業の方が，圧倒的な特許数を誇る日本企業をグローバル市場で追い詰めるのである。

　技術力を高め，多くの特許を持っていてもなぜ勝てないのか，という悲痛な叫びが研究開発の現場から聞こえてくる背景がここにあった。巨額イノベーション投資の成果としての特許が，グローバル市場の国際競争力に結びついていない。知財立国のジレンマが多くの領域で観察されるのである。しかしながら筆者のインタビューによれば，科学技術政策を担当する行政部門や知財の専門家，イノベーション論の専門家はもとより，当該技術を営々と開発してきた大手企業の幹部にすら，勝てなくなった背景とその本質を正しく理解している人は非常に少ない。問題の本質が理解されなければ，正しい対策も採れない。

　これまで述べた身近な事例で明らかなように，たとえ圧倒的な知財力（ここでは古典的な定義にしたがって特許の数と質）を誇っても我が国企業の競争力が弱体化し，知財立国の政策とグローバル市場の実ビジネスとの間で大

きな乖離が目立つようになった。我々が懸念するのは，このような知財立国のジレンマがエレクトロニクス関連以外の多くの産業領域にまで広がろうとしている事実である。知財立国の政策とビジネスの現場との間に横たわるこのジレンマがなぜ生まれるのであろうか。これを製品アーキテクチャという視点から分析してみたい。

## 2. 知財立国のジレンマが生まれるメカニズム

## 2.1. 製品アーキテクチャと知財立国のジレンマ

　製品アーキテクチャは製品の設計思想と定義され，モジュラー型（組み合わせ型）とインテグラル型（擦り合わせ型）に大別される。組み合わせ型の代表的な例がパソコンである。例えばハードディスクの容量が足りなくなったときに量販店で買ってきて取り替えても，マイクロプロセッサーやディスプレーはもとより OS もアプリケーション・ソフトウエアも再調整する必要はない。基幹部品モジュール同士の結合公差が非常に広い，すなわち相互依存性がほとんど無いので，機能をアップさせるために技術モジュール（部品）を入れ替えても何ら問題が起こらない。あるいはバリューチェーンの他の領域と独立に技術イノベーションを生み出すことができる。このような特性を持つ製品構造を，モジュラー型あるいは組み合わせ型と呼ぶ。ここではモジュラー型という言い方に統一したい。相互依存性がほとんど無く，部品の単純組立てだけで完成品を量産できるという意味で，技術蓄積の非常に少ない途上国の企業でさえ最先端の製品でグローバル市場へ参入することができる。技術の伝播スピードが従来の10～30倍も速くなる背景がここにあったが（小川，2009b の2章），実はこのような経営環境で"知財立国のジレンマ"が顕在化したのである。

　一方，擦り合わせ型，あるいはインテグラル型と呼ばれる製品の代表的な事例としてハイブリッドエンジンの乗用車を挙げることができる。乗用車

は，産業機械，精密機械，重電，デジタル家電，白物家電，情報・通信，繊維，化学，材料，家具などが複合化した技術体系で構成される。その中でも特にブレーキシステムや電池システムとガソリンエンジンを連動させる回生協調型のハイブリッドシステムとその制御技術は，個々の要素技術の相互依存性が非常に強い擦り合わせ型の技術体系で構成されている。また，たとえコピー製造され易いアッパー・ボディーであっても，ユーザが魅力を感じる概観デザインだけでなく，エンジンが発する高温を効率的に放熱するためのシャシー側のレイアウト，あるいはエンジンが発する振動の低減や騒音防止のためのシャシー側のレイアウトなどを考慮して，最終デザインが決定される。特に2000年代になって環境規制が厳しくなると，組み込みソフトを駆使したエンジン制御だけでは規制対応に限界があり，高速走行時の風圧を低減するアッパー・ボディー側のデザインまでも影響を受けるようになった。乗用車の外観デザインさえも，エンジン制御やシャーシー・レイアウトと強い相互依存性を持つようになったのである。21世紀に強化された環境・エネルギー規制が，自動車をさらに丸ごと擦り合わせ技術体系へ向かわせている，と言い換えてもよい。

　丸ごと擦り合わせ型であれば個々の技術モジュール相互の結合公差が非常に狭い。したがって製品設計と生産技術や製造技術との擦り合わせ協業を必要とする統合型の技術体系が一括伝播する可能性が非常に低く，途上国企業に対する参入障壁になっていた。少なくとも環境規制が厳しい先進工業国の市場では"知財立国のジレンマ"が顕在化していない[3]。この意味で，知財立国のジレンマが顕在化するか否かは，途上国に対する技術の伝播（スピルオーバー）のスピード，すなわち「キャッチアップ型企業が市場参入し易いか否か」に大きく依存している，と考えざるをえない。

## 2.2. 産業構造の転換と知財立国のジレンマ

　我が国の製品でも，アーキテクチャがモジュラー型へダイナミックに変わる産業構造が，1980年ころのカラーテレビで顕在化していた。その様子を

第 3 章　知財立国のジレンマ　55

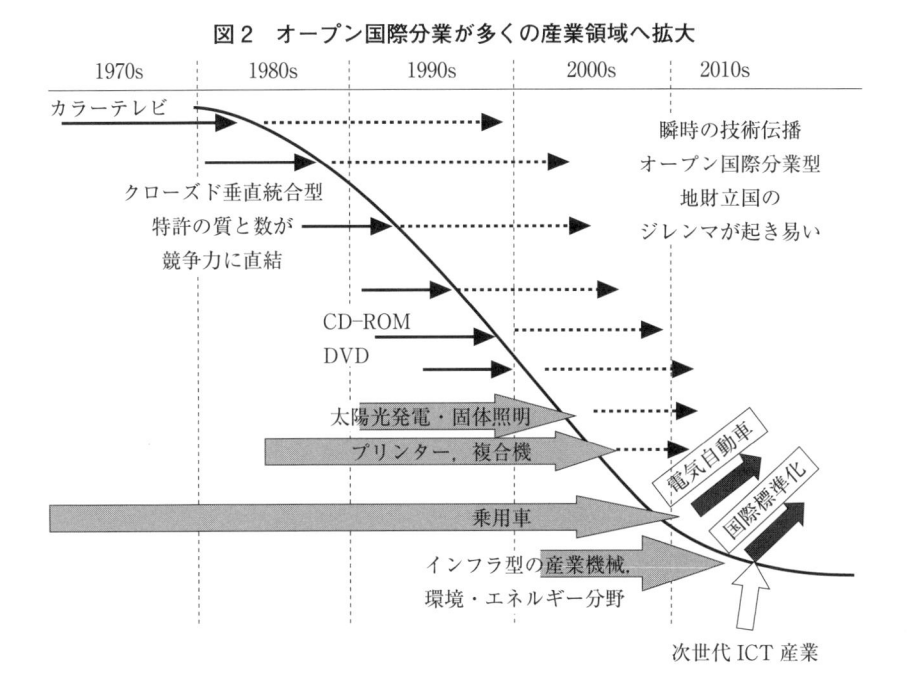

**図 2　オープン国際分業が多くの産業領域へ拡大**

```
        1970s    1980s    1990s    2000s    2010s

カラーテレビ ────────┄┄┄┄┄┄┄➤
                                      瞬時の技術伝播
         ────────┄┄┄┄┄┄┄➤       オープン国際分業型
クローズド垂直統合型                   地財立国の
特許の質と数が    ────────➤        ジレンマが起き易い
競争力に直結
                 ────➤┄┄┄┄➤
            CD-ROM
            DVD      ────➤┄┄➤

      太陽光発電・固体照明
      ▰▰▰プリンター，複合機▰▰▰➤    電気自動車
                                          ▰▰➤
▰▰▰▰▰▰▰▰乗用車▰▰▰▰▰▰▰▰➤   国際標準化
                                          ▰▰➤
              インフラ型の産業機械，
              環境・エネルギー分野      ⇧
                                    次世代 ICT 産業
```

　図 2 の左上で示すが，当時はアナログ技術で設計されていたので技術モジュール相互の結合公差が非常に狭い（相互依存性が強い）。したがって技術伝播が起きにくく，日本企業が自らの意思で技術移転をコントロールすることができた。このようなケースでは確かに知財立国のジレンマは起きにくかった。特許の質も数も日本企業の国際競争力に直結し易かったのである。

　しかしながら製品設計にマイコンとこれを動かすファームウエア（組み込みソフト）が深く介在する 1990 年代の中期から，エレクトロニクス産業の全ての領域でデジタル化が進み（小川，2008a），技術モジュール相互の結合公差が飛躍的に広がって相互依存性が無くなった。ここから技術伝播が非常に速まり，伝播する技術も途上国企業へ瞬時に着床する。圧倒的な技術力や知財を持つ我が国企業が市場撤退への道を歩みはじめた時期は，製品設計の深部にデジタル技術が介在した時期と重なる。その理由を本稿の 2.3. で説明

するが，基礎研究から商品化に至る多くの技術体系を自ら生み出し，圧倒的な特許の数や質を誇っても，これが僅かなコストダウンに寄与するだけとなったからである。我が国の伝統的な垂直統合型企業が推進したシュンペータ［Ⅱ］型の技術イノベーションは[4]，競争力の維持・強化に寄与しなくなった，と言い換えても良い。このような経営環境の到来は，1970年代から1980年代のアメリカでも，また1980年代から1990年代のヨーロッパでも同じであった。

我が国企業に代わってグローバル市場を席巻したのは，技術力や知財力で劣勢の途上国企業であった。21世紀になると多くの産業領域でデジタル技術が製品設計で不可欠のものとなり，現在ではエレクトロニクス以外の多くの産業領域でも知財立国のジレンマが散見される。例えば低価格帯のオフィス用複合機（A4機クラス）でもその兆候が，まず中国の市場から顕在化した。典型的な擦り合わせ型のブラックボックス製品であって，圧倒的な知財力を誇るはずだったこの製品領域でさえ，我が国企業が韓国企業の市場参入によって短期間で市場シェアを落とす。長期にわたる研究開発投資の成果としての特許の質も数も，国際競争力に寄与させるのが難しくなったのである。

オバマ政権が発足してからアメリカ政府がグリーン・ニューディール政策を強力に推進し，産業構造を図2の右側へ急速にシフトさせようとしている。この延長で比較優位のオープン国際分業が必ず生まれ，省エネ型製品の市場が10～30倍のスピードで拡大する[5]。したがって地球規模の温暖化防止が短期間に実現する。図2の右側のオープン国際分業は，アメリカ企業，特に小規模なベンチャー企業群が勝ちパターンを構築し易い経営環境なのは言うまでもない。

我が国も2008年の洞爺湖サミットで2050年の炭酸ガス半減を宣言し，鳩山政権になってまずは25％の削減をアナウンスした。環境・エネルギー分野の産業に多額の投資がされ，多くの特許が省エネ技術や省エネ製品，省エネ・システムで生まれるはずだが，ここでも同じように古典的リニアモデ

ル信仰の供給サイド政策だけを続けて放置するのであれば，たとえ巨額の国税が投入されても，図1の知財立国のジレンマが繰り返し再現されるであろう。したがって巨額の技術イノベーション投資も，我が国の成長や雇用に寄与する度合いが限定的になると言わざるをえない。

## 2.3. 国際標準化と知財立国ジレンマ

　1970年代から急速に興隆したクロスライセンス戦略は，少数の大手企業同士が知財コストをできるだけ低くしてコスト優位を維持し，同時にまた高い参入障壁を合法的に作って新規参入を排除する，という点で非常に効果的であった。これが成立する要件は，図2の左側に示すように製品アーキテクチャが擦り合わせ型であって技術伝播が起きにくく，あるいは技術移転を自らの事業戦略としてコントロールできることが前提となる。したがって技術の全体系を持って先行するフルセット統合型の大規模企業だけが，クロスライセンスによる低コストの恩恵を，最も効果的に受けることができた。確かにこのような経営環境では，我が国企業もグローバル市場で競争力を持つことができたのであり，少くとも現在の建設機械と同じように，我が国企業であっても知財立国のジレンマが顕在化していない。しかしながら製品設計の深部にデジタル技術が介在することによって基幹技術モジュールの結合公差が拡大し（モジュラー型へ転換し），その上でさらに国際標準化がインタフェースと公差をオープン化するとすれば，技術伝播スピードが加速する。ここからグローバル産業構造がオープン分業型へ転換し，クロスライセンスの役割を一変させてしまった。その本質は技術伝播，あるいはスピルオーバーである[6]。

　一般に単純明快な物質特許と製法特許で構成される材料や部品であれば，特許の質と数が企業収益に直結し易い。知財を独占し易いのでクロスライセンスを必要としないためである。あるいは必要であっても，非常に有利な条件で契約を結べるからである。1930～1940年代のナイロンでも現在の素材・機能材料や医薬品でも，この事実に変わりはない。一方，1994年ころ

から開発が始まったDVDは，材料からプロセス型部品，メカトロニクスとその制御，およびソフトウエアやネットワークに至る多様で複合的な技術体系で構成され，2,000件以上の必須特許で構成される（2008年末の段階）。したがって，たとえフルセット垂直統合型の巨大企業であっても全ての知的財産を独占することは不可能である。またたとえ統合型の大規模企業であっても，1社で生み出す特許が全体の30%を超えることさえ稀であり，何らかの形のクロスライセンスが必ず必要となる[7]。

　一方，オープン環境で国際標準化される製品の多くのケースで，パテントプール政策が採られるのが普通である。しかしながら国際標準化は，技術モジュールのインタフェースをオープン化し，技術モジュール相互の結合公差もオープン化するので基幹部品が大量に流通する。特にデジタル型の製品であれば，インタフェース規約の範囲内でなら（規約を守れば）技術モジュールの結合公差が無限大になったと同じ効果が生まれる。そもそも国際標準化とは，この結合公差を完全オープンにすることだったのであり，オープン国際分業と同義語であった。ここから市場の利用コストが考えられないほど低くなる。

　しかしながらこれだけではなく，企業内の製品設計，生産技術開発，部品調達，大量生産コスト，並びに互いの擦り合わせ調整コストなど，あらゆるステージで内部コストが激減する。外部の市場利用コストと内部コストの両方で共にビジネス参入障壁が低くなり，キャッチアップ型の途上国企業であっても市場参入が可能になったのである。外部コストだけでなく内部コストさえも非常に低くなるのであれば，先進国の伝統的なフルセット垂直統合型の企業が経済合理性を失ない，途上国の企業が躍進して経済成長の軌道に乗る。これらの事象はいわゆるガーシェンクロンの後発性利益なる学説で説明できるものではない。デジタル化と国際標準化が創り出したグローバル産業構造の姿を記述することなくして説明できない。

　このように製品設計の深部にデジタル技術が介在し，ここへ国際標準化が介在する経営環境では，パテントプールの中のクロスライセンスが，それ以

前と全く反対の作用を持つようになった。例えばRAND（Reasonable And NonDiscriminatory）規約によって業界で常識とされる対価を支払えば、知財を自由に活用することができるが、多くのケースで知財コストが工場出荷額の10%以下、場合によっては大量普及を優先させて3～5%に抑えられている。したがって対価を支払って特許を自由に使えるのであれば、基礎研究をせず、技術蓄積の少ない途上国企業も簡単に市場参入できるので、たとえ長期にわたって営々と続けた研究開発投資が必須特許の30%という圧倒的な知財力を生み出したとしても、これが製品コストを僅か下げる効果しか持てなくなる。

　国際標準化の基本精神は、原則として技術を誰にでも自由に使わせて低コスト化を図ることを目的とする。この意味で大量普及に向けたアクセルである。一方、知的財産とは自由に使うことを制限するブレーキであり、利益の源泉と市場支配力がカプセルされている。しかしながら我々がグローバルなビジネス現場で目にする光景は、圧倒的な特許量を誇ってもこれがトータルなビジネスコストのごく一部だけを節約するに過ぎない、という現実である。その背景にパテントプール制度の普及とプールの中のクロスライセンスがあった。これが国際標準化によって生み出される知財立国のジレンマである。毎年のように売上高の5～10%におよぶ研究開発費を投入した成果としての知的財産、および営々と蓄積する工場のものづくりノウハウさえも、利益の源泉構築や市場支配の経営ツールではなくなった。21世紀の我が国で知財立国のジレンマが多くの分野で観察される背景に、オープン国際標準化によって加速される技術の大量流通／伝播があったと考えざるをえない。

　これが21世紀の我が国企業が直面する知財環境であり、パテントプールやクロスライセンスが特許の数や質の持つ力を弱体化させてしまった。背後で起きた経営環境が、図2の左側のフルセット垂直統合型から右側のオープン国際分業への転換だったのであり、国際標準化がこの転換を加速させる上で大きな役割を担った。製品設計の深部へデジタル技術が介在すると技術モジュール相互のインタフェース情報が暗黙知から形式知へ転換され、同時に

技術モジュールの結合公差が飛躍的に拡大する。そして国際標準化がインタフェースと公差をグローバル市場でオープン化させる役割を担って技術伝播スピードを10～30倍も加速させるので，一気にオープン国際分業の産業構造となる。そして特許の数や質が本来持っていたはずの強力な力を弱体化させた。図1に示す多くの製品領域で知財立国のジレンマが生まれる背景がここにあったのである。

　一方，これを日本以外の国から見ると，風景が一変する。技術蓄積の少ない新興国であっても最先端製品への市場参入が可能になるからである。あるいはサプライチェーンの特定領域にしか技術を持たない国や企業であっても，非常に低いコストで巨大市場の創出に参加できてビジネスチャンスを握れるからである。日本を訪問した北欧のある大臣によれば，国際標準化こそが自国企業をグローバル市場へ躍進させるチャンスを作り出すと繰り返し，日本政府へ国際標準化で協業を提案していたという。このような経営環境の到来によって，技術とは調達するものであって自ら開発するものではないという考え方が，技術蓄積の少ない途上国の企業から出てきた[8]。自ら開発するよりも調達する方が，はるかに経済合理性を持つようになったからである。その理由をトータル・ビジネスコストの視点から図3で説明する。

　我々はまず，国際標準化が作る分業型の産業構造では競争ルールが一変してしまう，という事実を再度思い起こす必要がある。一般に日本の大手企業は統合型であって数多くの製品を自らの手で生み出す力を持っており，数多くの特許を出願する。したがってクロスライセンスになってもトータルなビジネスコストに占めるロイヤリティーの支払い（ここでは知財コストと表現）が相対的に小さい。しかしながら，長期にわたる研究開発投資と関連費用によってトータルコストに占める売上高間接比率（オーバーヘッド）が非常に大きいので，高い粗利益率が確保できる販売価格にしないと営業利益は黒字にならない。

　一方，途上国の企業は，これまで研究開発投資が非常に少なかったが故に知財コストが非常に大きくなる。しかしながら知財コストの総額が工場出荷

第3章　知財立国のジレンマ　61

**図3　国際標準化が知的財産の役割に与える影響**

圧倒的な特許数を誇っても僅かなコストダウン効果に転化

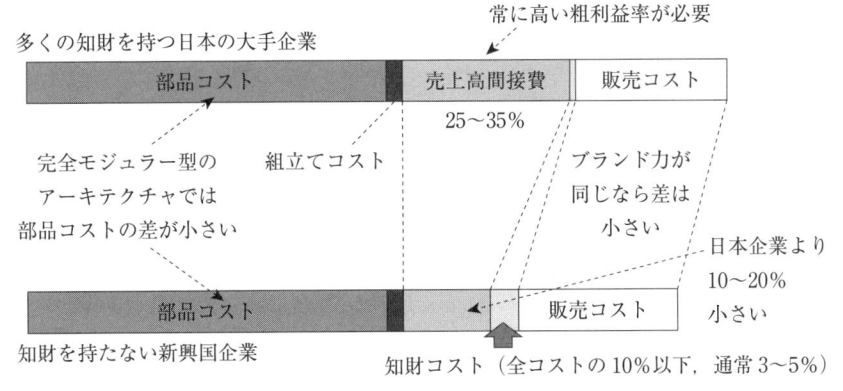

多くの知財を持つ日本の大手企業　　　　　常に高い粗利益率が必要

| 部品コスト | 組立てコスト | 売上高間接費 25〜35% | 販売コスト |

完全モジュラー型の
アーキテクチャでは
部品コストの差が小さい

ブランド力が
同じなら差は
小さい

日本企業より
10〜20%
小さい

| 部品コスト | | 販売コスト |

知財を持たない新興国企業　　知財コスト（全コストの10%以下，通常3〜5%）

国際基準が作るオープンなグローバル市場では
長期の研究開発投資や知的財産以外の要因で競争力が決まる

の10%以下であるのなら（通常は5%以下），オーバーヘッドや他のコストを小さくすることによってグローバル市場のトータル・ビジネスコストで優位に立てる。例えば図3に示す売上高間接費（オーバーヘッド，狭義には固定費）の割合が，日本の大手企業より途上国の企業の方がはるかに低いので[9]，知財コストと売上高間接費の合計では途上国企業の方が圧倒的に有利になる。長期にわたる研究開発投資によって自ら技術開発するよりも，むしろ外部から調達する方が経済合理性を持つようになった，と言い換えてもよい[10]。日本の伝統的なものづくり思想から全く想像できないグローバル経営環境が，オープン国際標準化によって生み出されたのである。

これ以外に品質も議論の中に含めるべきだが，デミングが言うように，品質とは顧客・市場が決めるものであり工場の品質管理部門が決めるものでは決してない。そもそも我が国では製品仕様と製造品質とが区別されないで議論されてきたのではないか。製造品質と設計品質を区別した議論も意外と少ない。製品仕様と製造品質が同じ意味を持って語られても混乱しなかったのは，そして日本企業が追求する品質が最も機能したのは，途上国企業が興隆

する以前の1980年代までだったのであり[11]，この時代の海外市場とは我が国よりはるかに所得水準が高い欧米市場と同義語であった。

　しかしながら1990年の後半から大量普及するデジタル型のエレクトロニクス製品であれば，途上国市場のユーザが満足する体感品質が，基幹部品の単純組み合わせで実現されるようになる。まず第一に製品設計の深部へデジタル技術が介在するようになると技術モジュールの結合公差が飛躍的に拡大するからであり，第二に技術モジュールを組み合わせて機能する完成品としての品質が，システムLSIの中のソフトウエアに集中カプセルされるからである。たとえ技術蓄積の少ない途上国の企業であっても，基幹部品とSystemLSIを一体調達すれば，大部分のユーザが体感として満足できるそこそこの品質で市場参入できるようになった[12]。この意味で，少なくとも体感品質が意味を持つ市場でなら，図3の比較がそのまま成り立つ。技術立国のジレンマが生まれる重要な要因として，デジタル化と国際標準化の重畳によって産業構造がオープン国際分業型へ転換し，ここから知的財産に本来与えられていたはずの基本的な機能が一変してしまった，という事実があったのである。そして，知財立国・技術創造立国と同じ供給サイドの視点に立つ品質・改善という日本型ものづくり思想も，ここから国際競争力に直結しにくくなった。

## 2.4. ジレンマを乗り越える知財マネージメントの時代へ

　デジタル型製品がグローバル市場で大量普及するタイミングから日本企業が市場撤退を繰り返す図1の背後に，すなわち知財立国のジレンマが顕在化した背景に，図3で説明されるトータル・ビジネスコストのメカニズムがグローバル市場で機能していた。国際標準化で当たり前となったパテントプールとクロスライセンスは，DVDや携帯電話という完成品のコストアップを防いで大量普及を加速させたが，一方では伝統的な大規模企業が営々と続けた研究開発投資の成果としての知的財産の価値を，僅かなコストダウン効果に置き換えてしまったのである。

第3章　知財立国のジレンマ　63

　ここから古典的なリニアーモデルや中央研究所方式，フルセット垂直統合型経営などのキーワードで表現される経営の経済合理性が崩壊し，結果的に我が国企業の国際競争力が弱体化した。しかしながらこのような経営現象は，フルセット垂直統合型の組織能力を持った1980年代のアメリカ企業にとっても，また1990年代のヨーロッパ企業でも同じだったのである。彼らは，ここから独自の知財マネージメントを創出することになる。

　これまで我々がイノベーションの投資効率を論じるとき，どれほど多くの必須特許が登録されたかに焦点を当てることが多かった。したがって日本の知財政策も特許の数や質という視点から特許の制度設計を中心にした議論が多く，競争政策・競争戦略の視点が前面に出ることは稀であった。特許の量や質が競争力に直結すると，暗黙の内に仮定されていたのである。図2の左側の産業構造が維持されているのであれば，確かに特許の数や質が競争政策や競争戦略に直結し易い。しかしながら多くの産業領域のグローバル産業構造が，図2の右側へシフトするのであれば，そして国際標準化がこれを加速させるのであれば，特許の数や質を中心にしたこれまでの伝統的な知財管理が全く通用しない。図1は暗黙の仮定が成立しない現実を我々に教えてくれた。知財をビジネスモデルの中でどのように活用し，これを企業の国際競争力にどう寄与させるかに注力するソフトパワーとしての知財マネージメントが必要な時代となったのである。

## 3. 欧米企業が完成させたオープン環境の知財マネージメント[13]

### 3.1. アメリカ・パソコン産業の事例：オープン環境の中の技術改版権の独占[14]

　IBMがオープン環境のパソコン・ビジネスから撤退への道を歩んだ大きな理由として，基幹部品を内製せずに全て外部から調達したことが原因だった，とこれまで言われ続けてきた。しかしながらこれはクローズド垂直統合

型（図2の左側）という経営思想から来る見解であって，実ビジネスの実態に対する認識を欠いている。パソコン産業が置かれた図2の右側に位置取りされるオープン国際分業型の経営環境を念頭にこれを分析すれば，オープン環境で技術を進化させる権利（技術の改版権）を当時のIBMが独占できなかったという，知財マネージメントの失敗が主たる原因だったのである。

その背景にあったのは，当時のIBMが図2の左側の古典的な知財思想のままで右側の経営環境へ対処したためであった。オープン環境の標準化によって，付加価値が完成品としてのパソコンではなく基幹部品側にシフトし，ここから市場利用コストがゼロに近い経営環境になるという歴史的な転換に，当時のIBMが気付かなかったのではないか。IBMは，基幹技術の全てを独自に進化させることができる圧倒的な技術力を持った企業なので，図2の左側でなら全ての技術進化を独占できた。しかしながら，自前主義を離れて自律分散型のイノベーションが中心となるオープン分業型の産業構造（図2の右側）へ転換すると，IBMはパソコンという技術体系の特定の技術領域ですら技術進化を独占することができなくなったのである。このような経営環境はすでに1970年代のミニコン市場でも顕在化してはいたが，本格的に現れたのはパソコン産業からであった。オープン分業型の経営環境で起きたIBMの誤算とその教訓は，多くのデジタル型・ネットワーク型産業に受け継がれ，1990年代になって独創的な知財マネージメントを生み出すまでになった。

● IBMの誤算（1）

多種多様なパソコン基幹部品（技術モジュール）を組み合わせ，これらの一つ一つを矛盾無く論理的な整合性を採って動作させる要がBasic Input/Output SystemとしてのBIOSである。この意味でBIOSは，コンピュータ（ここではパソコン）そのものをモジュラー型のアーキテクチャに維持するための，基幹技術に位置づけられる。1980年代のIBMはこのBIOSの知財マネージメントで失敗し，市場撤退への道を歩んだのである。

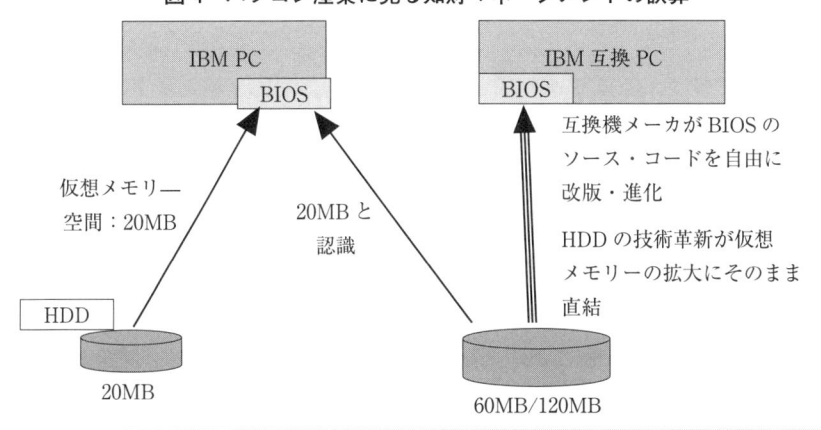

## 図4 パソコン産業に見る知財マネージメントの誤算

```
          IBM PC                    IBM 互換 PC
           BIOS                       BIOS
                                              互換機メーカが BIOS の
                                              ソース・コードを自由に
   仮想メモリー                                改版・進化
   空間：20MB      20MB と
                    認識                      HDD の技術革新が仮想
                                              メモリーの拡大にそのまま
      HDD                                     直結

      20MB                           60MB/120MB
```

IBM は BIOS の知財・改版権を独占できなかったので，HDD などパソコン周辺機器の技術進化を主導できなかった

　例えば1984年当時，わずか20MBに過ぎなかったハードディスクの容量がその後60MB/120MBへ飛躍させる技術が開発されても，図4で示すBIOSのソースコードを書き換えないと，パソコンはこれを20MB容量のハードディスクとしか認識できない。したがって，もしBIOSソースコードの改版権がIBMによって独占されていたなら，IBMだけが自前主義・統合型の内部ロードマップによってハードディスクの技術進化を独占することができたであろう。そしてIBMはパソコンのビジネスで圧倒的な優位性を維持・拡大できたはずである。しかしながらIBMは，BIOSの著作権を保持したものの，そのソースコードを全てオープンにし，結果的にこの延長で多くのベンチャー企業に市場参入を許して，市場利用コストがゼロに近い経営環境を創り出すことになる。

　IBMの誤算は，著作権侵害を認められないほど異なるBIOS（ソフトウエア）でも，ハードディスク動作の互換性を維持することが可能になった点にある。当然のことながら当時のIBMは，BIOSのソフトウエア著作権について訴訟を繰り返したが，BIOS専業メーカであるフェニックス社などの製

品には著作権侵害が認められなかった。このような互換 BIOS メーカーは，「クリーンルーム方式」と呼ぶ，いわゆる IBM のソースコードを全く参照しない方法でソフトウエアを作成していた。初期の BIOS がせいぜい 5,000 ステップという小規模なソフトウエアであって，必要とする機能仕様がハードディスクやパソコン本体側から来る割り込み要求に対する対応，という単純機能だったために，クリーンルーム方式による互換ソフトウエアの開発が十分に可能だったのである。ここから世界で 80 社にもおよぶ新興企業がハードディスクの技術革新に挑み，記録容量が飛躍的に増大した。

　当時の IBM がわざわざボード回路図と BIOS ソースコードを開示したのは，アメリカの著作権法そのものに理由があったと言われる。国際的な著作権条約には，万国著作権条約とベルヌ条約があり，当時のアメリカは方式主義を採る前者に加盟していた。方式主義では著作者や著作日等を明示したり登録したりする何らかの方式が著作権主張に必要なので，BIOS の著作権主張のためには IBM による作成の事実を明示する必要がある。BIOS の ROM のパッケージに Copy-Right を書いてもそれで著作権を主張できるかどうかは，曖昧だったのである[15]。したがってソースコードを開示する方が，たとえ不法コピーされても著作権と特許権の双方によって裁判に勝てるとの判断だったようだ。1980 年にソフトウエアが著作権で保護され，1981 年のディーア判決などによってさらに特許権によっても保護されるようになったことが，この判断を後押しした。これを実ビジネスの現場から見れば，ソースコードの開示，そして自前主義による技術イノベーション・スピードの遅れが IBM の致命傷となったのである。80 社がオープンイノベーションで繰り出す技術革新のスピードに，IBM とそのパートナーであるシーゲート社の二社連合が全く追いつけなかった。オープン環境の自律分散型イノベーションは，シュンペータ [Ⅱ] 的な統合型企業のイノベーションよりはるかに強力であることが，ここで実証されたのではないか。

　BIOS 機能の進化を含む全ての改版権を IBM が独占できないことが分かると，ハードディスクやプリンター，キーボード，ディスプレーなど，全て

のコンピュータ周辺機器で，技術の方向付けと進化を IBM 以外の新興企業が主導しはじめた。この技術進化を取り込んだ互換 BIOS が IBM 以外のパソコンに大量搭載されて巨大なインストールド・ベースが出来上がると，ネットワーク外部性が強力に作用して IBM 以外から出荷される互換パソコン市場が一気に拡大する。そして IBM 自身のパソコン・ビジネスが長期衰退への道を歩むことになる。

● IBM の誤算（2）

IBM は，マイクロソフトからオペレーティング・システム（DOS）を調達する場合でも，その改版権を手に入れることができなかった。初期のころの IBM は，マイクロソフトから DOS のライセンスを受けて他社へ二次ライセンスすることにも，全く興味を示さなかったという。IBM PC が爆発的に普及すると DOS の機能をはるかに超える OS/2 の開発に IBM 自ら取り組むが，1984～1985 年ころになると DOS ベースで開発されたアプリケーション・ソフトウエアがすでに大量に普及していたので，IBM は DOS と互換性を持つ OS しか市場に出せなかった（マーケティング部門や販売部門が DOS 互換を主張）。互換性を持たせるには DOS のソースコード改版権をマイクロソフトから得なければならないが，マイクロソフトは知財権を楯に断固としてこれを拒絶した。したがって，全ての技術体系を内部に持つ IBM ですら技術力で劣ったマイクロソフトに開発の方向を左右されてしまった。技術力以上に知財マネージメントの方が，事業の本質に深くかかわるようになったのである。

ネットワーク外部性の効果を最大限に取り込んで独占するには互換性の徹底が必須となるが，それにはソースコードの改版権を手に入れなければならない。ここから改版権を独占するマイクロソフトだけが，パソコン・ソフトウエアの進化をリードできるようになった。完全オープン型のパソコン産業であっても，サプライチェーンの一つのセグメントに過ぎない基幹部品としての DOS で知財を独占していたマイクロソフトが，パソコン・ソフトウエ

ア産業の全領域に大きな影響力を持つようになったのである。DOS で知財を独占していたマイクロソフトが他社とのクロスライセンスを必要としなかったのは，言うまでもない。その後のマイクロソフトは DOS の機能拡張を狙って周辺技術を次々に M&A によって買収し，独占領域を急速に拡大させて Windows 3.0 を世に出す。

パソコン・ハードウエアの心臓部であるマイクロプロセッサーについても，IBM はほぼ同じような経緯を経て技術の進化を主導できなくなり，インテルだけがパソコンのハードウエア進化を全てリードするようになった。インテルのプロセッサー事業へ資本参加する初期の段階で IBM も製造権を持った。しかしながら，巨額の投資を必要とするプロセッサーの技術進化に対して，統合型の IBM が適応できなかったのである[16]。完成品メーカーが同時にその基幹部品メーカーになることは非常に難しい。ましてや巨額投資を必要とするケースで成功した事例は非常に少ない。

しかしながら標準化が作り出す図 2 の右側のオープン分業型の産業では，付加価値が完成品ではなく基幹部品に集中し[17]，基幹部品を進化させる改版権そのものが市場支配力を左右する（小川・高都・北村，2011）。初期の段階の IBM が改版権の行使を徹底しなかったのは 1970 年代までのアメリカの知財マネージメントに"オープン環境の技術改版権"という考え方がまだ無かったためと考えられる。そして同時に，オープン標準化の世界で付加価値が基幹部品に集中するという事実（小川，2008a）を，当時の誰もがビジネスの視点から認識できなかったのではないだろうか。

基幹部品に付加価値が集中するのであれば，その市場利用コストを徹底して下げて大量に流通させる事業戦略が必ず生まれる。これが，基幹部品のインタフェースのオープン標準化に着目したビジネスモデルであった。しかしながらそれ以上に重要なことは，デジタル技術であればインタフェースの規約の範囲で部品相互の結合公差が無限大になったと同等になり，相互依存性が無くなる，という事実である。もしインタフェースにロイヤリティーを設定せずに誰にでも自由に使わせるのであれば，インタフェースを介して自律

分散型のイノベーションが次々に起こる。インタフェースの標準化とは単に利用コストの大幅低減だけでなく、世界中で知恵を出し合うオープンイノベーションの方向を指し示すことだったのである。

このような自律分散型のイノベーションが起きるビジネスの土俵上に、あるいは土俵の背後へ、多数の知財を事前に刷り込ませていたらどのような市場支配力が生まれるであろうか。自由に使わせるが権利だけは手放さないという知財マネージメントの神髄がここにあるが、その重要性に最も早く気付き、オープン分業型の産業構造で機能する最も強力な知財マネージメントを創出したのが当時のインテルであり、マイクロソフトであった。そして同じ時期のシスコシステムズ社も、インターネット環境のルータで類似の知財マネージメントを事業戦略の中核に据えた。アドビ社のPDFビジネスも全く同じだったのである（小川・高都・北村，2011）。

● 1980年代のIBMと2000年の日本企業

現在の日本でも、当時のIBMと同じ考えで完成品のビジネスを進める企業が非常に多い。例えば1990年代中期のCD-ROMやCD-R、そして2000年前後のDVDでビジネスを担った大手企業は、1980年代初期のIBMと同じく、付加価値が完成品に集中することを疑わなかった。図2の左側に位置取りされる産業構造が図2右のオープン分業型へ転換することに気付かなかったためである。事実、基幹部品のコストを下げるために積極的に外部に作らせ、あるいは技術の伝播を気にせずアウトソーシングによって基幹部品を調達することで、完成品を製造した[18]。その結果、日本企業がCD-ROMやCD-R、DVDでシェアを急落させるが、急落のスピードは1980年代のIBMがパソコン産業でシェアを落とすスピードと殆ど同じだったのである。

コンピュータの全技術体系を持つフルセット型・垂直統合型のIBMに代わって市場のリーダになったのが、コンパックやデル、ゲートウエイ、パッカードベルなどに代表されるキャッチアップ型のベンチャー企業群であった。彼らに共通するのは、いずれも圧倒的に低いオーバーヘッドである。

CD-ROM や DVD で日本企業に代わってグローバル市場の主役に躍り出たのは，同じキャッチアップ型であってオーバーヘッドが極めて小さい韓国・台湾・シンガポールや中国の企業群であった。ここでは確かに，オープン分業構造が生み出す図3のトータルコスト構造が，ビジネス上の重要な差別化要素として機能していたのである[19]。そしてこの延長に，我が国企業に見る図1の姿が顕在化する。

巨額イノベーション投資の成果としての知財がグローバル市場の国際競争力に結びついていないという知財立国のジレンマは，このようなメカニズムで起きていた。そしてこれは，我が国だけに起きたのではなく，アメリカでもヨーロッパでも同じように起きていたのである。1980年代のアメリカ・パソコン業界で生まれた経営環境の激変が21世紀の現在でも繰り返し現れる普遍的な現象であるなら，これを積極的に事業戦略へ取り込むこと無くして勝ちパターンを構築することができない。このような産業領域が急拡大しているという意味で，オープンなグローバル市場の知財マネージメントが技術開発以上に重要となった。

●パソコン産業で完成させたインテルの知財マネージメント

オープン環境の分業型産業で大量普及と高収益を同時に実現させた企業は，自社の知財で独占できるセグメントを選んで集中し，そして独占し，オープン環境に点在する他のセグメントを支配していた。これを成功させたインテルの知財マネージメント構造を図5に要約する。この図で取り上げたパソコン用の技術モジュール（マイクロプロセッサーとチップセット）は，オープン環境にスペクトル分散するサプライチェーンの特定セグメントであり，その内部技術は完全にブラックボックス化されて外部に公開されない。また選択・集中で独占できたセグメントの中では，一部を除いてクロスライセンスが採用されていない。たとえ採用されていても，情報の非対称性を活用した不平等なクロスライセンスになっている。そしてブラックボックスに封じ込められた付加価値が，自ら主導する技術イノベーションと知財マネージ

## 図5 技術革新＋知財の独占＋契約行為を組み合わせたインテルの知財マネージメント

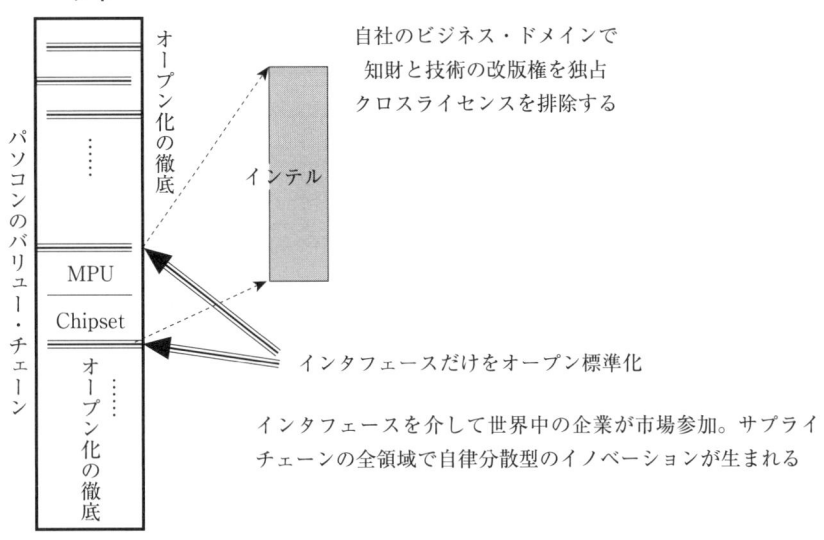

（図：パソコンのバリュー・チェーンを示す縦長の構造。上部と下部は「オープン化の徹底」、中央にMPUとChipsetがあり、これがインテルの独占領域。インテルのブロックから「自社のビジネス・ドメインで知財と技術の改版権を独占 クロスライセンスを排除する」、MPU/Chipset部分から「インタフェースだけをオープン標準化」「インタフェースを介して世界中の企業が市場参加。サプライチェーンの全領域で自律分散型のイノベーションが生まれる」）

メント（強力なポリス・ファンクションと訴訟，および契約行為，なども含む）との連携によって守られている。

インテルは，パソコンという完全オープンに見えた産業構造の中の特定セグメントを独占していた。合法的な独占による価格コントロールがインテルの高収益源であり市場支配力の原点だが，これを支えたのが技術の改版権，すなわちロードマップを独占するための知財マネージメントだったのである。図5に示す構図は，マイクロソフトのOSや携帯電話産業に見るクアルコムのチップセットでも全く同じであった。またインターネット産業に見るシスコシステムズでも，そしてアドビのPDFでも全く同じだったのである。

どのような製品でもオープン環境で国際標準化されれば，グローバル市場に巨大なサプライチェーンが生まれる。ここから，オープン・インタフェースを介した自律分散型のイノベーションが世界中のいたるところで起きるので，特定の企業はもとより特定の国だけで完成品やシステムの全ての特許を

独占するのは不可能である。しかしながら分業化された産業構造を詳しく観察すると，大量普及と高収益の同時実現に成功した企業や陣営だけがサプライチェーンの特定セグメントで技術の改版権を独占していたのであり，そしてクロスライセンスを徹底して避ける知財マネージメントが採られていたのである。このような構造があってはじめて，オープン・インタフェースを介した（相互依存性を完全排除した）自律分散型イノベーションの成果を自社の競争力に直結させることができる。当然のことながら，図2の右側に位置取りされるインテルにもマイクロソフトにも，そしてシスコシステムズにもアドビにも知財立国のジレンマが起きることはない。

## 3．2．ヨーロッパ携帯電話の事例：オープンネットワークの中のブラックボックス化

ヨーロッパのGSM携帯電話システムは，図6に示すように携帯電話端末，ベースステーション（無線基地局），交換機，そしてゲートウエイで構成される。デジタル型の他の製品と同じく，オープン環境で標準化されたこの携帯電話システムも，産業構造がすぐ比較優位の国際分業型へ転換した。

我々がポケットやハンドバックに入れて持ち運ぶ携帯端末から，基幹ネットワーク・システムを介して送る全ての情報伝達を担うのがプロトコルである。ヨーロッパのGSM陣営は，プロトコルを誰にでも使わせる，すなわち市場利用コストをゼロに見せてはいるが，同時に多数の知的財産をちりばめていてGSM陣営の標準化機関（ETSI）が実質的にプロトコルの改版権（ロードマップ）を合法的に独占していた。このプロトコルを常に改版・進化させてサービス機能向上や技術イノベーションを繰り返せば，ベースステーションを握る企業が市場支配力を持つ。携帯端末の接続性を支配するのがベースステーションだからである。実はこのベースステーションの内部インタフェースだけがオープン標準化されないブラックボックス領域となっていたのである。したがって同じGSM陣営の企業であっても，ブラックボックスとしてのベースステーションで大きな市場シェアを持つ企業だけが，携帯

**図6 ヨーロッパのGSM携帯電話システムに見る知財マネージメント**

自陣営のブラックボックス領域で知財と技術改版権を独占

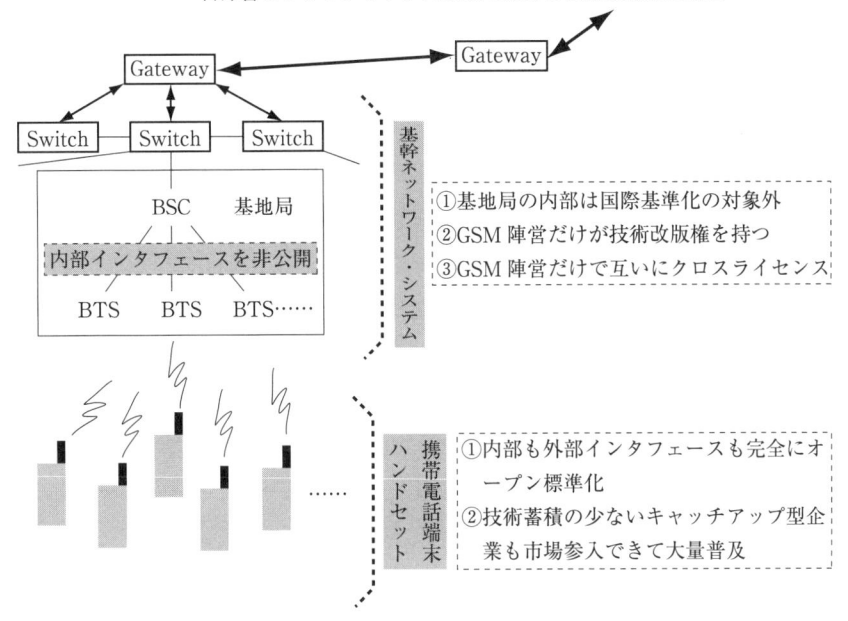

基幹ネットワーク・システム
①基地局の内部は国際基準化の対象外
②GSM陣営だけが技術改版権を持つ
③GSM陣営だけで互いにクロスライセンス

携帯電話端末ハンドセット
①内部も外部インタフェースも完全にオープン標準化
②技術蓄積の少ないキャッチアップ型企業も市場参入できて大量普及

端末のビジネスで優位に立てた[20]。

## ●国際標準化の中のブラックボックスと知財マネージメント

ヨーロッパのGSM携帯電話システムが国際標準化された最初の規格書は6,374ページという膨大なものである。これを詳細に分析した立本の優れた研究成果を表1で紹介する（立本，2009）。表1では携帯端末や基地局（ベースステーション），交換機などの規格をページ数で表現しているが，非常に特徴的な事実として次の2つを挙げることができる。

まず第一の特徴は，携帯端末に関するページ数が3,029ページと圧倒的に多く，表1で示す全システムの約半数（47.5%）も占めている事実である。次に我々は，基地局（ベースステーション）や基地局制御装置（ベースステーション・コントローラ：図6のBSC）の内部構造に関する規格が1ページ

表1 欧州携帯電話（GSM）の規格書のページ数分析

単位：ページ数とその割合（%）

| 各セグメント | モジュール内規格 | （比率） | | モジュール間規格 | （比率） | | 合計 | （比率） | |
|---|---|---|---|---|---|---|---|---|---|
| 携帯端末 | 688 | 44.5% | 44.5% | 2,340 | 48.5% | 48.5% | 3,029 | 47.5% | 47.5% |
| 基地局システム概要 | 423 | 27.3% | | 1,414 | 29.3% | | 1,838 | 28.8% | |
| 無線基地局 | 0 | 0.0% | 27.3% | 242 | 5.0% | 36.9% | 242 | 3.8% | 34.6% |
| 基地局制御装置 | 0 | 0.0% | | 123 | 2.5% | | 123 | 1.9% | |
| コアネットワークシステム概要 | 79 | 5.1% | 8.7% | 449 | 9.3% | 11.3% | 528 | 8.3% | 10.6% |
| 交換機 | 55 | 3.6% | | 94 | 1.9% | | 149 | 2.3% | |
| その他 | 302 | 19.5% | 19.5% | 163 | 3.4% | 3.4% | 465 | 7.3% | 7.3% |
| 合計 | 1,547 | 100.0% | 100.0% | 4,825 | 100.0% | 100.0% | 6,374 | 100.0% | 100.0% |
| （%） | | 24.3% | | | 75.7% | | | 100.0% | |

も無かった，という表1の事実に注目しなければならない．その一方で，携帯電話端末の内部構造を完全オープン化しながら低コスト大量普及の役割を担わせていたのである．ヨーロッパの携帯電話システムは，このようなグランド・デザインの下で全てのプロトコルの進化を独占していたのであり，これがヨーロッパGSM陣営の知財マネージメントであった．優れたビジネス・アーキテクトが背後にいて，初期の段階からグランド・デザインを起案・推進したのではないか．

● オープン市場支配のメカニズムと知財マネージメント

　ヨーロッパGSM方式は，大量普及がはじまる1995～1996年ころから毎年のようにプロトコルを進化・改版させた．常に主導権を握りながら大量普及と市場支配を同時に実現させるメカニズムを強化させていったのである．ここでの技術進化の方向性を主導したのが，ヨーロッパ全体で携帯電話の標準化を担う機関としてのETSI（European Telecommunication Standard Institute）であった．圧倒的な市場シェアを持つノキアやエリクソン，ジー

メンスなどがその背後で技術の方向性を主導したのは言うまでもない。

例えば1992年のサービス開始から3年後の1995年に,まずプロトコルがGSM Phase2へと改版されてデータ通信機能が付与された。また大量普及の兆しが見えた1996年にはGSM Phase2+Release'96（HSCC）へ,年間出荷台数が5,000万台になる1997年にはGSM Phase2+Release'97（GPRS）へ,そして1億台に近づく1998年にはGSM Phase2+Release'98（EDGE）という第二世代と第三世代を共存させるためのプロトコルへと進化させた。

プロトコルは必ず既存のものと互換性を維持して進化させるので,最初のプロトコルに知的財産を持って,契約行為なども含めて技術改版権を合法的に独占できれば,常に技術進化の方向を主導することができる。たとえヨーロッパ以外の国が圧倒的に優れた新規サービスを提供しても,これが非互換のプロトコルであれば,巨大なインストールド・ベースに育ってネットワーク外部性が強力に働くヨーロッパ市場に参入することができない。少なくとも技術力では必ずしも勝ってなかった当時のヨーロッパのGSM陣営だけが圧倒的な市場支配力を強化できた背景が,実はここにあったのである。

1980年代のアメリカやヨーロッパで生み出されたオープン環境の知財マネージメントは,その後も多くの企業に継承されて多様に進化し,1990年代の後半初期から人材と一緒に途上国企業に伝わった。しかしながら,この知財マネージメントが国際分業化やサプライチェーンのオープン化という産業構造の大転換を前提に生み出されたためか,伝統的な垂直統合型が圧倒的に多い日本企業は,これを実ビジネスに取り込むことがなかった。そして,巨額イノベーション投資の成果としての特許がグローバル市場の国際競争力に結びつかない知財立国のジレンマが,図2の右側に示すオープン国際分業型へシフトした経営環境で何度も繰り返された[21]。

## 4. 我が国が養成すべき知財マネージメント人材の育成

### 4.1. オープン国際分業型の産業構造に対応できる知財人材

　知財立国のジレンマから抜け出すには，「特許の質や数を中心にした伝統的な知財管理」ではなく，知財をビジネスモデルの中でどのように活用し，これを企業の国際競争力にどう寄与させるかに注力する，ソフトパワーとしての知財マネージメントが必要になる。そのためには知財やライセンス契約の専門家である知財スタッフが，まず自社の置かれた経営環境の位置取りを図2の構図の中で見定めなければならない。

　その上でさらに，担当する製品が図2右側（オープン国際分業型）のビジネス環境にシフトするか否かの判断も極めて重要になる。もしシフトするのであれば，圧倒的な特許の数を誇っても僅かなコストダウン効果でしかないという図3の現実を冷静に受け入れなければならない。図3の経営環境では，企業の知財スタッフが心血を注ぐ現在の業務がトータルなビジネスコストのごく僅かな範囲であって，企業の競争力に大きな影響を与えなくなってしまうからである[22]。

　したがって企業の知財スタッフは，まず図2の左側に位置取りされる製品の伝統的な知財マネージメントと，図2の右側に位置取りされるオープン分業型の知財マネージメントを峻別しなければならない。もし産業構造が図2の左側に留まって変わらないのであれば，峻別せず従来のままでよい。しかしながら図2の右側へシフトするケースでは，特許の数や質ではなく，これらをビジネスモデルの中でどのように活用し，国際競争力にどう寄与させるか，というソフトパワーとしての知財マネージメントへと，そのミッションを拡張しなければならない。それには，製品コンセプトやターゲット市場および製品仕様を決定するプロセスに積極的に参加し，知財マネージメントを事前に設計しなければならない。図2の右側（オープン国際分業型）へシフトさせないための知財マネージメントを，製品開発の初期の段階から事前設計

するのも，知財スタッフが取り組むべき極めて重要な仕事であるのは言うまでもない。

　以上のように，単に競合他社の特許情報を分析できるだけでなく，あるいは知財ライセンス契約の知識を持つだけでなく，知財法廷の経験を持つだけでもなく，知財スタッフが自ら事業環境に対する広い視野を持ってビジネスモデル策定に影響力を持つことが必要である。例えば，

- こんな特許を国際標準に刷り込めば，この事業はこんな有利な展開ができるはず。製品の基本機能だけは全ての企業に公開して大量普及させ，これを製品として実装する場合に必要な他の領域については特許を非公開にしたい。この考え方を貫きながら国際標準化を主導するには，どんなことをすればよいか皆で考えよう。
- この製品コンセプトであればオープン国際分業型の産業構造になるはずだから，我が社の技術ノウハウや特許が集中している領域だけは徹底したブラックボックスにして守りたい。我が社が圧倒的な優位に立てる領域を探し，ここにどんな特許を集中して出せばよいかを皆で議論しよう。
- グローバルな産業構造がオープン分業型になれば，世界中のいたるところで自律分散型のイノベーションが起きる。世界中のイノベーション成果を我が社のビジネス領域に引き寄せるには，どんな特許をどこに集中出願すればよいかを皆で議論しよう。
- 知財をオープンにして世界中の人々に使わせ，我が社の技術を大量に普及させたい。このとき，権利を放棄しないで技術進化を主導しながら大量普及と高収益を同時実現させたい。そのためにはどの技術領域でどんな企業とどのような契約にすればよいかを皆で考えよう。

などをいつでも議論できるようにしたい。そして，議論の背景・経緯・結論およびビジネスとしての成功・失敗までの一連のプロセスをデータベース化し，共有できることが望ましい。そのためには，知財スタッフが常に研究開発部門，事業企画部門および国際標準化部門などと一体になった組織横断型

のタスクフォースを組み,ビジネスシステム全体の構造の中で知財マネージメントの位置付けを共有していく仕組み作りが必要となる[23]。

図7に知財立国のジレンマから抜け出すために必要な人材育成について要約した。まず必要なのが,トップマネージメントの意識改革である。一般に日本企業では内部昇進を繰り返して役員になるが,役員の多くは図2の左側に位置取りされた産業構造で勝ちパターンを作ってきた。したがってオープン国際分業という21世紀型の産業構造(図2の右)の中の知財マネージメントを理解している人は稀である。この意味でトップマネージメントには2.で述べた知財立国のジレンマが生まれる背景や3.で紹介した欧米企業の事例,そして本節で紹介する現状について,ビジネスアーキテクチャの全体構造の中で理解してもらわねばならない。トップマネージメントの理解無くして組織能力を育成できない。

次に必要なのが,チームプレーでビジネスアーキテクトの役割を担うタスクフォースの強化である。本節で取り上げた知財マネージメントを一人で担うにはあまりにも領域が広すぎるので,まずは知財・契約スタッフと事業企画,技術企画や国際標準化など専門家がチームを組むタスクフォースで対応しなければならない。特に21世紀型の知財マネージメントは,図2の左側に位置取りされる伝統的な産業構造を維持できる製品か,あるいは維持できない製品なのかを事前に判断しなければならない。

例えば自社の製品がおかれた産業が国際標準化の対象になっているか否か,もし対象になっているのであれば,産業構造を図2の右側へ瞬時にシフトしてグローバル市場にオープン・サプライチェーンを生み出し,競争ルールを一変させる。この場合は自社が集中すべき領域を選択し,ここを起点にしたビジネスモデルや知財マネージメントの在り方を共有したチームでなければならない。欧米的なビジネスアーキテクトの役割を日本的なチームプレーによって担う仕組み,と言い換えてもよい。タスクフォースを効果的に機能させるには,知財部門,事業部,標準化部門などの相互人事交流が必須なのは言うまでもない。

第3章　知財立国のジレンマ　79

**図7　知財立国のジレンマを克服する組織能力の養成**
　　　**―チームプレーでビジネスアーキテクトの役割を担う**

1. まずトップマネージメントの理解が必要

　　①国際標準化が作る協創と競争の二重構造を理解し
　　②オープン国際分業をベースにした事業戦略を大局的に把握・指示

2. 一人で全てはできない：チームで担う仕組みが必要

　　事業戦略＋技術戦略＋標準化＋知財マネージメントの分業チームをタスクフォースとして結成

3. オープン分業型のビジネスを共有したチーム作業が必要

　　①自社の得意領域を起点にオープン・サプライチェーンの事前設計：
　　　⇒技術と知財を独占し易い領域の選択と集中
　　②知財マネージメントを核にしたビジネスモデルの事前設計：
　　　⇒自社の領域からサプライチェーンに強い影響力を持たせる仕組みの構築

## 4.2. 欧米企業の事例研究による人材育成

　我々は，製品アーキテクチャのモジュラー化がもたらす経営環境の転換が，1980年代のアメリカやヨーロッパでも起きていた事実を理解しなければならない。当時の彼らは，現在の日本と同じ経営環境へ引き込まれて塗炭の苦しみを強いられた。ここから現在の欧米企業が繰り出す21世紀型の知財マネージメントが生まれたのである。知財立国のジレンマから抜け出す人材の育成には，彼らが完成させた知財マネージメントの事例研究が必要となる。事例研究から勝ちモデルの定石を身につけ，まずは海外企業の攻勢から自社を守る。その上でさらに，自社の組織力・得意技術を生かす独自の勝ちモデルを，定石を超えたその先に自らの手で構築しなければならない。

　アメリカやヨーロッパ諸国の企業が完成させた知財マネージメントの全体構造を，図8に要約した。彼らが繰り出す知財マネージメントで我々が注目しなければならないのは，国際標準化を経営ツールにしたオープン化のプロセスで，知的財産を公開しながら大量普及させるものの，すなわち市場利用

**図8　欧米諸国が完成させた知財マネージメントの全体像**

1. 国際標準化に自社技術を刷り込んで大量普及

> ①巨大なインストールド・ベースを構築してネットワーク外部性を活用
> ②インストールド・ベースとの互換性維持の戦略が非互換のテクノロジーを合法的に排除する

<u>技術の良し悪しが普及を決めるのではない</u>

2. 自由に使わせるオープン領域にも必ず知財を刷り込む

> ①インタフェースに知財を刷り込み，権利は放棄せず自由に使わせる
> ②知財を武器に技術の進化を独占してオープン市場を支配

<u>特許の数で勝負が決まるのではない</u>

3. Dead Copyだけしか認めないライセンス契約

> ①リバース・エンジニアリング（改版）を認めない
> ②クロスライセンスは絶対に避ける

<u>技術イノベーション＋特許の使い方＋契約を含むビジネスモデルで勝負が決まる</u>

　コストをゼロに近づけるものの知的財産の権利（差止め訴訟権）は決して放棄されていない，という事実である。したがってDead Copyは認めるもののReverse Engineeringを絶対に認めない。

　知財を自由に使わせて市場が拡大すればするほどネットワーク外部性が巨大な力となるので，たとえ新規の技術やサービスを提供する場合であっても，先に普及した巨大なインストールド・ベースと必ず下位互換性が必須となる。すなわち，国際標準の中に自社（自国）の知財を刷り込ませる理由は，ロイヤリティー収入のためというよりもむしろ自社技術と互換性の無い技術を合法的に排除するのが最大の目的だったのである。非互換技術を排除する仕組みを内包させることによってはじめて，技術進化のロードマップ（技術の改版権）を合法的に独占することができるのは言うまでもない。

　さらにここでは，公的な知財権と個別企業相互の契約とを組み合わせることによってロードマップを合法的に独占していた。特許の数でも質でもなく，技術力だけでも決してなく，これらと契約をリンクさせ，その上でさら

にネットワーク外部性等を組み合わせた複合的な知財マネージメントを生み出していたのである。これが市場支配のメカニズムであり，市場支配を背後で支えるのが，ソフトパワーとしての知財マネージメントであった。当然のことながら，ここでは，たとえ図2の右側の産業構造であっても知財立国のジレンマが観察されていない。

## 4.3. 知財マネージメントに新たな課題が次々に生まれる

　2000年代になって，アメリカ企業は知財マネージメントをさらに一段と進化させた。最も典型的な事例が，オープン・ソース・ソフトウエア（OSS：Open Source Software）の興隆である。Linuxに代表されるOSSでは，ソースコードを全てオープンにし，自社技術の領域で発生する内部コスト（開発費）を除けば，市場利用コストをゼロにして誰でも利用できるようにしている。確かにここでは，パテント・トロールを排除し易い。しかしながらOSSを使った企業は，いかなるケースであってもOSSを使って開発した技術領域のソースコードを公開しなければならない。新規に開発した技術領域に差止め訴訟権を設定できないことはもちろん，ここに多くのノウハウが封じ込められていたとしても，全てをオープンにして誰にでも自由に使わせなければならない[24]。しかも，品質は使う側の自己責任となる。このような知財環境で，伝統的な日本企業はどこに利益の源泉を構築すれば良いのだろうか。

　OSSを無視して全てを自ら開発するのであれば，上記の問題で悩むことはない。しかしながら製品開発工数の多くがソフトウエアの開発で占められ，開発コストや開発期間の全てを左右するようになった。エレクトロニクス産業以外の自動車産業や事務機械産業ですらソフトウエアが製品設計の深部に深く介在するようになり，開発コストや開発期間がソフトウエア開発に大きく依存するようになっている。

　もし，日本以外の競合企業がOSSを巧みに活用する組織能力を身に付けるのであれば，我々はOSSを活用しないでどのような勝ちパターンを構築

できるであろうか。多くの企業に直接インタビューした結果によれば，アメリカの超大手ソフトウエア関連企業が色々なOSSを提供しはじめたこともあり，やはりコストや開発期間の大幅短縮でOSSを使う誘惑に抗し難くなっていることが分かった。

　最近の話題で言えば，アメリカのグーグルがアンドロイドと称するソフトウエア（OS）と開発環境を無償で提供しはじめたが，ここにもネットワーク外部性の効果を活用した最先端の知財マネージメントが凝縮されている。アンドロイド環境で開発しても，ソースコードの全てをオープン化する義務は必ずしも課せられていないようだが，アンドロイドは次々にサービス機能を進化させて技術の方向を常に主導している。これは，プロトコルの改版（機能・性能アップ）を繰り返した1990年代のヨーロッパGSM陣営の姿と同じである。パテント・トロールの心配は回避されるかもしれないが，最先端のサービス機能という新たな付加価値が全て世界中の競合企業に対して平等にオープン化されるという意味で，我が国企業にとって新たな知財立国のジレンマが待ち受けている。

　またインターネット上のコンテンツを閲覧するためのブラウザ・ソフトで，W3Cという国際標準化機関（民間団体）がオープン標準化を進めている。やはりここでも知的財産を自由に使わせるものの権利は放棄していないので，技術進化のロードマップをW3Cだけが合法的に独占するはずである。したがって例えばテレビ・ビジネスの競争ルールが一変するので，新たな勝ちパターンを構築しなければ，多くの日本企業がテレビ事業で苦境に立たされ，市場撤退への道を歩むであろう。

　2003年に発足したAUTOSARという欧州主導の車載用組み込みソフトウエアの標準化機関でも，類似の知財マネージメントが見え隠れする。Basic Software（BSW）の基本仕様だけがオープン環境で共同開発されるが，これを自動車へ実装する細部技術はそれぞれの企業に委ねられている。これによって，少なくとも日本以外の欧州市場や途上国市場で自動車ビジネスの競争ルールが変わるはずであり，日本の自動車メーカはビジネスモデルの再構

築を迫られる。この延長で，工場主体のモノづくり経営が単なる必要条件でしかなくなる，という図2の右側の産業構造が，自動車産業にも到来するのではないか。

一般のOSSにも，またこれをさらに進化させたアンドロイドにも，あるいはW3CやAUTOSARでさえ，我が国企業がこれまで全く経験しえなかった知財マネージメントが深部に刷り込まれている。最近になってIBMなどが提案しはじめた，エコパテント・コモンズの背後に潜む戦略も，決して例外ではない。この意味で我が国企業は，ハードパワーとしての技術開発以上に，ソフトパワーとしての知財マネージメントではるかに大きな課題に直面している。

## 4.4. 我が国が採るべき今後の知的財産政策

これまでの知的財産政策に見る我が国の戦略は，特許の質の向上や数の増加あるいは海外出願特許の数を増やすことに重点が置かれてきた。また知的財産人材の育成として弁理士数の増加が，さらにはできるだけ多くの特許を国際標準に刷り込んで必須特許にするために，高い交渉力を持つ国際標準化活動の専門家の育成および国際標準化機関における幹事国引き受け数を増加する政策が，大きく取り上げられてきた。そしてこれを支えるための制度設計が知財戦略を語る議論の中心であった。

これらは，いずれも供給サイドの政策思想に立ったリニアーモデル信仰である。確かに産業構造が図2の左側に留まることを前提にした伝統的なモデルでは，これらの多くが間違いなく効果的な知財政策であった。しかしながらデジタル化や国際標準化が深く介在する図2右側の産業構造では，供給サイドの政策思想に立脚した伝統的なリニアーモデル，すなわち特許の数を指標とする政策は通用しない。特許の数を指標にする政策は，ロイヤリティーの支払いをできるだけ少なくするというキャッチアップ型の国の政策なのであり，21世紀の日本が進むべき方向ではない。図1に示す日本企業の実態がこれを実証している。

供給サイドに立つ知財政策や技術イノベーション政策は，国や企業の国際競争力を強化するための単なる必要条件なのであり，決して必要十分条件ではありえない。21世紀の我が国を取り巻くグローバルな経済・経営環境が一変したからである。ここでは特許の数はもとより，質さえも競争力に寄与していなかった。これを本稿の1節から4節にわたって繰り返し強調してきた。これまでの知的財産政策が必要条件の強化に偏りすぎてしまい，十分条件としての特許の使い方，すなわち特許と著作権を契約や技術イノベーションと複合的に組み合わせるソフトパワーとしての知財マネージメントを，我々はあまりにも疎かにしてきたのではないか。

　我々は，国際標準化が必ず図2の右側に位置取りされる産業構造をこの世に作り出すという事実を，冷静に受け止めなければならない。そしてこれを起点に，知財の使い方を重視する知的財産政策の立案・実施を急がなければならない。特許の使い方というソフトパワーを身に付けた人材が全く育成されていないのであれば，たとえ巨額の研究開発費を使って圧倒的に優れた技術イノベーションを生み出しても，これを日本の雇用や成長へ寄与させることができない。国際標準化を国の戦略として前面に出すのであれば，同時に図2の産業構造転換と図3のメカニズムを周知倒底させ，その上でさらに大学のMOTを含むあらゆる教育機関に対して，これらの人材育成に向けたインセンティブ制度を急がなければならない。併行して，欧米やアジア諸国企業が当たり前のように繰り出す図6のような知財マネージメントを包括的に調査分析し，勝ちモデルの定石を身に付け，それを取捨選択して日本に取り込むためのタスクフォース編成を急がなければならない。これらの施策によってはじめて，技術イノベーションの成果をグローバル市場の競争力に結びつけるソフトパワーを育成できるのである。

　再度繰り返すが，図2の左側に位置取りされるクローズド垂直統合型の産業構造が維持されているのであれば，図1のような知財立国のジレンマは確かに観察されていない。したがって特許の質や数は，間違いなく国や企業の国際競争力にそのまま寄与する"必要にして十分なる条件"だった。しかし

ながら製品設計の深部にデジタル技術が介在し，そしてここに国際標準化が重畳すると事態が一変する。デジタル化と国際標準化が技術伝播あるいはスピルオーバーを加速させ，産業構造が瞬時に図2の右側のオープン国際分業型へ転換するからである。ここでは特許の質・量が僅かなコストダウン効果だけに転換され，知的財産が本来具備していたはずの力が一瞬にして機能しなくなる。たとえ技術や知財で圧倒的に勝っていても，我が国企業の多くが市場撤退への道を歩まざるをえなくなるのである。

　一方，これを技術蓄積の少ない途上国企業や技術の全体系を持たない国から見れば，極めて少ないコストで巨大市場へ参入するビジネスチャンスが生まれる。ここでロイヤリティーの支払額を少なくするためには，当該製品でクロスライセンスに使える特許をできるだけ多く出願していなければならない。この意味で，特許の数を競う知財政策や知財管理は，キャッチアップ型の途上国で最も経済合理性を持ったのである[25]。

　伝統的な企業制度を温存したままで我が国が推進する国際標準化や特許の数と質を重視，すなわち供給サイドの知財政策は，国や企業の競争力という視点から見て多くの矛盾を含んだ政策であることをまず理解しなければならない。そして，図6のような特許の使い方を重視するソフトパワーこそがこの矛盾を克服し，巨額のイノベーション投資を国内の雇用や成長に結びつけるための必要十分条件であることを同時に理解しなければならない。もし21世紀のグローバル市場に広がる自律分散型のイノベーションが持つ破壊力を理解せず，そしてソフトパワーを欠いたままで従来型の知財政策と国際標準化政策が推進されるのであれば，図1に象徴される知財立国のジレンマがあらゆる局面で繰り返されるであろう。日本企業が知財立国のジレンマから抜け出すには，ものづくりに代表されるハードパワーと同等以上に，知財の使い方というソフトパワーの人材育成を急がなければならない。これを強調して本稿を終える。

注
(1) 科学技術基本計画で社会還元が正式に意識されたのは第三期の2006年からであり，ごく最近のことだったのである。それ以前は，雇用・成長・競争力などが意識されることは少なかったという。しかしながらアメリカも欧州連合も，そして日本以外のアジア諸国も，全て雇用・経済成長・国際競争力が意識された政策になっている。その代表的な事例が欧州連合のFramework Program（予算規模1000億ユーロの基礎研究機関）である。なお我が国が投入した60兆円の内，政策課題対応型の研究開発費が約50%であり，ここにエネルギー，ライフサイエンス，社会基盤，フロンティア，情報通信，ナノテクノロジー・材料，ものづくり技術などが含まれる

(2) 2000年ころに興隆した日本の地域クラスター政策でも，暗黙の内に仮定されているのが供給サイドの思想である。巨額の国税が投入されたので，確かに技術イノベーションが生まれたケースもあったが，地域クラスター政策が雇用や成長に寄与したのか否か不明である。例えば半導体関連の事例で類似の政策を採った台湾や韓国とくらべれば，その違いが歴然としている。日本以外のアジア諸国は，まず経済特区を作り，ここに技術と人材を内外から呼び込んだ。自前主義を採らず技術開発の段階のオープンイノベーションを採用したのである。またその成果を国際競争力に結びつけるために，製造段階で徹底した優遇政策を採った。入口側でオープン・イノベーション政策を採ることによって世界中の技術と知恵を集め，巨額の投資を，供給サイドではなく出口サイドに集中させることによってグローバル市場で圧倒的な価格優位性を築いたのである。日本とは逆の，出口サイド主導の産業育成政策だった，と言い換えてもよい。

(3) 高速走行を必要としない車種や環境規制がゆるやかな開発途上国の市場はこの限りでない。たとえ乗用車であっても，途上国の市場では知財立国のジレンマが見え隠れしている。

(4) シュンペータのイノベーション思想は1910年代と1930年代以降で異なる。前者を[I]，後者を[II]として区別する。

(5) 10～30倍のスピードは，小川（2009b）の2章にあるエレクトロニクス産業の事例から想定した。

(6) 1950年代から強化された反トラスト法を背景に，アメリカの大手企業は自ら開発した技術であっても，第三者に対するライセンスを強要された。しかしながらこの恩恵を受けたのがアメリカの小規模企業だけではなく，日本企業にも多くのビジネスチャン

スをもたらしたのである。ベル研のトランジスター技術やゼロックスのゼログラフィー技術，さらにはカラーテレビやVTRの技術もその代表的な事例である。反トラスト法の強化がアメリカの技術を国外へ流出させたと言ってもよい。ここから，研究開発投資の成果としての技術を守り，技術伝播をコントロールする戦略ツールとしての知財マネージメントが，グローバル市場の競争力を左右するようになった。

(7) なおここで再度確認するが，特許を持っていても製品の製造・販売をしないのであればクロスライセンスが不要となる。したがって特許の質や数が多ければ多いほど大きな利益を手に入れることができる。これを徹底させたのがパテント・トロールである。

(8) この考え方は，1970年代のアメリカでミニコン産業を担ったベンチャー型企業が生み出したが，1990年代になってアジア諸国企業が採用するようになった。これらは，技術の全体系の全てを持たない企業に共通する経営思想である。例えば，台湾や中国企業はもとよりサムソンの多くの部門でも，基本的な要素技術は調達するものであって自ら開発するものでないという考え方が，ごく当たり前のように事業戦略へ取り込まれてきた。一種のオープン・イノベーションと言ってもよい。日本は技術の全体系を内部に持つので技術は自ら開発するものであると信じて自前主義を採る。しかしこのものづくり思想は，技術が伝播しにくい擦り合わせブラックボックス型の製品では正しいが，産業構造がエレクトロニクス産業と同じように瞬時に図2の右側へ転換する経営環境では正しいと言えない。これを説明しているのが図3である。

(9) 日本の製造業ではこれが25-35％に及ぶが他のアジア諸国企業は10％前後が多い。小川（2006a）の図1.12あるいは小川（2006b）の図4。

(10) この経営環境は1970年代のアメリカのミニコン産業や1980年代のパソコン産業でも同じだった。フルセット垂直統合型のIBMが経営危機に直面した大きな要因がここにあったのである。ARM社の攻勢に晒される現在のインテル社もこれと全く同じ状況におかれている。

(11) ただし人命に関わる安全関連に対する考え方は従来と変わらない。

(12) 全ての日本製品は極めて高い品質を誇る。しかしこの製品がユーザの支払い可能な価格を超えると品質は販売に結びつかず，ビジネスがごく狭い市場領域に制限されてしまう。ガラパゴス現象が生まれる背景がここにもあった。一方，品質で日本に近づこうと努力する途上国企業は，日本から品質管理の専門家をコンサルタントに雇い，品質レベルが急速に向上している。すなわち，途上国市場のユーザが常に高い品質を求め続け

るのであれば，いつでも日本に近い品質の製品を出荷できる。日科技連のテキストを柔軟に使い分けているのは途上国企業ではないか。彼らの強みは，市場／顧客によって品質を柔軟に変えるマネージメントであり，極めて低いオーバーヘッドを維持したままで品質を高めるマネージメントにある。

(13) シュンペータのイノベーション思想は1910年代と1930年代以降で異なる。前者を［Ⅰ］，後者を［Ⅱ］として区別する。

(14) 著作権関連の法律用語で改版権を翻案権と言う場合もあるが，ここでは改版権で統一する。

(15) これらについては，当時のパソコン業界を知る東芝の馬越英尚氏からご助言頂いた。なおアメリカは1989年にベルヌ条約に加盟して現在に至る。1980年の法改正（117条）でコンピュータプログラムに著作物性が認識されたが，プログラムの内容に制限があり，解釈が揺れた。1984年の"半導体チップ保護法"も，チップの固定されたコードだけを保護していた。このように1980年代のアメリカは，ソフトウエアの知財権に対して考え方も判例も大きく揺れ動いた時期だったのである。

　この時期にIBMは，メインフレームコンピュータのオペレーテングシステムの著作権を盾に富士通・日立・三菱電機を訴え，またインテルは，NECのVシリーズ・マイクロプロセッサーを訴え続けた。結果的に1980年代末から日本企業の躍進が止まったのも事実である。またIBMは，IBM互換パソコンで躍進する当時の松下電器や台湾のAcer社をBIOSの著作権抵触で訴え，外国企業をアメリカのパソコン市場から追い出した。

　1980年代の著作権法改訂は，結果的にアメリカの産業を守って躍進させる上で，大きな貢献をしたことになる。

(16) その後のIBMは，第三者へプロセッサーの製造権を与えようとしたが，これに徹底抗戦したインテルの訴訟戦略によって，そのタイミングが非常に遅れた。

(17) 正確にはブランドやサプライチェーンマネジメント，販売チャネルにも相対的に高い付加価値が生まれるが，ここでは製品とその製造という視点に立って述べている。

(18) 基幹部品を内製せず，すべて調達することによって完成品のビジネスを成功させるには，非常に低いオーバーヘッド（10％以下）と非常に高い市場シェアを持っていなければならない。しかし当時の日本企業はIBMと同じような非常に高いオーバーヘッドのままで完成品ビジネスを進めていた。

(19) この前提として，品質が持つビジネス上の意味を考慮しなければならないが，脚注12で説明したように，体感品質を重視するサムソン型の経営思想が，工場品質を重視する供給サイド的発想の日本型経営を劣勢に追い込む。

(20) 小川（2008b）の3章，図3.19を参照。

(21) 技術伝播が起きにくく，図2の左側に示す産業構造に留まっているケースでは，知財立国のジレンマが起きにくい。これを再度強調したい。

(22) 厳しい見方をすれば，ごく僅かなロイヤリティー支払いをさらに小さくする交渉に企業の知財スタッフが取り組んでいる。長期にわたる知財侵害に対して対応せざるをえないのでたとえ年に0.5%であっても10年後には総額がその年の工場出荷額の5%におよぶので巨額に見えるからである。しかし本稿の事例に見るように，産業構造が図2の右側であれば，僅かなロイヤリティー支払いを削減する努力よりも，本章3.に述べた知財マネージメントの事前設計に知恵を絞る方が，はるかに巨額の利益を企業にもたらす。その前提として，特許の使い方というソフトパワーをトータルなビジネス構造の中で活用するビジネスアーキテクトを育成しなければならない。育成できないのであれば，グローバル市場のビジネス継続が困難となって図1の姿を繰り返す。これが本稿の主張である。

(23) 日本企業の知財現場を知る識者によれば，知財の使い方が重要と言っても具体的にどのような使い方をすればよいのかの事例に触れる人が非常に少ないという。知財と標準化は使い方が重要らしい，というレベルから前に進むことができないのが現状のようであり，やはり図2の左側に位置取りされる伝統的な経営環境の意識から抜け出ていないように思える。

(24) この意味で，日本型のノウハウが蓄積され易いハードウエア制御の領域でOSSを使うことは，ノウハウの流出というリスクを持つ。この領域ではOSSを使わず，インタフェースを介した外側の領域でOSSを使う工夫が必要である。

(25) 再度ここで繰り返すが，先進国と途上国とで知財マネージメントの在り方が全く異なる。例えばサムソンは図3のコスト・メカニズムで圧倒的な優位に立つので，ロイヤリティーの支払いをいかに少なくするかに知財戦略に重点が置かれ，2000年過ぎから多数の特許を出願するようになった。当然のことながらここでは，当該製品の業界で必須特許であるか否か，そして国際標準化された製品の必須特許であるか否かだけが，特許出願者の昇進・昇給に対するインセンティブとなっている。出願・登録された特許

の数がインセンティブになっているのでは決してない。

参考文献

小川紘一（2006a）「DVD に見る日本企業の標準化事業戦略」経済産業省標準化経済性研究会 編『国際競争とグローバル・スタンダード』（1 章）日本規格協会.

小川紘一（2006b）「光ディスク産業の興隆と発展」『赤門マネジメント・レビュー』第 5 巻 第 3 号，pp. 97-169.

小川紘一（2008a）「我が国エレクトロニクス産業に見るモジュラー化の深化メカニズム―マイコンとファームウエアがもたらす経営環境の歴史的転換」『赤門マネジメント・レビュー』第 7 巻 第 2 号，pp. 83-128.

小川紘一（2008b）「製品アーキテクチャのダイナミズムを前提とした標準化ビジネスモデルの提案」東京大学ものづくり経営研究センター，ディスカッション・ペーパー，MMRC-205（2008 年 3 月）.

小川紘一（2009a）「製品アーキテクチャのダイナミズムと日本型イノベーションシステム―プロダクトイノベーションからビジネスモデルイノベーションへ」『赤門マネジメント・レビュー』第 8 巻 第 2 号，pp. 37-70.

小川紘一（2009b）『国際標準化と事業戦略』白桃書房.

小川紘一・高都広大・北村 学（2011）「ソフトウェアビジネスの知財マネージメント」東京大学知的資産経営総括寄付講座，ディスカッション・ペーパー，No. 24（7 月）.

立本博文（2009）「国際標準化と収益化―中国への GSM 携帯電話導入の事例」東京大学ものづくり経営研究センター，ディスカッション・ペーパー，MMRC-245.

# 第4章

# 単体・単層から複合体・複層へ
―〈iPod〉に見るアウトサイドモデルの価値形成―

妹尾　堅一郎

　世界では今，多くの産業分野において，ビジネスモデルの変容と多様化が進展している。従来の「先端技術を開発し，製品に実装させ，それを世界的に輸出する」といった製品単体価値を前面に出したビジネスモデルは古典モデルとして，かなり限定的な領域におけるものになった。現在イノベーションを起こしている事業には，単に技術の飛躍的進歩に基づくものだけではなく，従来とは異なる画期的なビジネスモデルを形成した事例がほとんどではないか。その中でも，イノベーションの1つのあり方として，価値形成の「分離化と統合化」がある。例えば，モノ（ハードウエア）のレイヤーにおける「素材→部材→完成品→完成品複合」といった「単体→複合体」という価値形成（同一レイヤー内におけるシステム化）や，あるいはモノとサービスの補完的あるいは相乗的な価値形成（異なるレイヤー間のシステム化）等がその根幹をなす。

　本論においては，アップルの〈iPod〉を概観し，その複合的・融合的価値形成ならびに〈iPod〉と〈iTunes Store〉の相乗化によってレイヤーをまたいだ価値移行はどのように変容したか等，その商品アーキテクチャとビジネスモデルの構成を明らかにする。次いで，そこに典型的な，筆者が「アウトサイドモデル」と呼ぶビジネスモデルの詳細を検討し，その本質的な価値形成マネジメントについて考察する。最後に，この事例を通じて，製品サービ

スの価値形成が「単体から複合体へ」「単層から複層へ」と大きく進化していることを見極め，その議論の一般的な意味を敷衍する。

## 1. はじめに：アップルの「アウトサイド」モデル

　事業競争力のからくりが大きく変わってきている。従来のようなインベンション＝イノベーションの時代が終わり，イノベーション＝インベンション（技術開発）×コンバージョン（技術価値等の社会価値への転換）×デフュージョン（加速的普及）の時代になりつつある。そこでは技術力そのものだけではなく，「ビジネスモデル」のつくり方，あるいはそれを可能ならしめる「商品（モノとサービス）のアーキテクチャ」や，優位性を支える「(標準化を含む）知財マネジメント」といった「"技術という知"を活かす知」が大きな役割を果たすようになった。

　具体的には，モノ（製品：ハードウエアとソフトウエア）における「単体から複合体へ」という価値形成の変容と共に，モノとサービスの連動による「単層から複層へ」という価値システムの形成が進展している点が指摘できよう。従来のようにモノとサービス（コト）は無関係ではない。代替（モノの所有からサービスの使用へ）や相乗（モノとサービスの連動による価値形成）といった関係性が加速化しているのである。

　ちなみに最近の主要なビジネスモデルを列挙すると，次のようになる[1]。

- 「インサイド」モデル（基幹部品による完成品従属モデル）
　　「テクノロジーインサイド」「マテリアルインサイド」
- 「アウトサイド」モデル（完成品による部材従属化モデル）
　　「製品垂直統合による価値形成」と「モノとサービスによる相乗的形成」の同時推進
- 古典派モデル（少数技術・少数特許・一市場形成）
- 脱・古典派モデル

DDS モデルとポスト DDS モデル（新規医療価値形成）
　　　機能性素材の上位価値形成モデル（機能性素材の部材化，システム化）
　　　機能性素材の別価値形成モデル（FTKS による市場形成加速化）
- プリンターモデル（本体＋消耗品）
- 脱・プリンターモデル（本体消耗品一体モデル）
- エレベータモデル（本体＋メインテナンス）
- 脱・エレベータモデル
　　　「ソリューションモデル」（標準品のシステムインテグレーションを価値化）
　　　「オペレーションサービスモデル」（システム全体の運営・運用を価値化）
　　　「ライフサイクルモデル」（システムライフサイクル管理をサービス価値化）
　　　「サービス補完モデル」（遠隔制御・メンテナンス等による価値強化）

## 2.〈iPod〉に見るアウトサイドモデル

　この中で，現在最も国際競争力を持つモデルは，インテルの MPU に典型的な基幹部材主導型の「インサイドモデル」と，アップルの〈iPod〉，〈iPhone〉，〈iPad〉（以後，〈iPod〉等と呼ぶ）に典型的な「アウトサイドモデル」であると言えよう。アップルの株式時価総額は 2011 年 8 月 10 日約 3372 億ドル（約 26 兆円）となりエクソンモービルを抜いて米国企業最大となった。
　アップルの「アウトサイドモデル」は「完成品主導型モデル」の大成功例である[2]。モノにおける複合的・融合的価値形成を行うと共にモノとサービスの相乗化を進めたという，それ以降の〈iPhone〉や〈iPad〉のシリーズを

導いた起点であり，その後の今日のアップルの快進撃を生み出した基盤をつくったからである。つまり，〈iPod〉を詳細に検討することを通じて，その競争力とビジネスモデルを理解することは，〈iPod〉等が巻き起こした，広義の家電機器におけるイノベーションを読み解く上で極めて重要となる。

その成功要因となる競争力は6つに整理できるだろう。

第一は，〈iPod〉がメディア，プレイヤー，ストレージという従来は三商品に分離していたものを融合させ複合的に価値形成をしたことである。

第二は，〈iPod〉というモノの提供と〈iTunes Store〉によるサービス提供を連動させる相乗的な価値形成を行ったことである。

第三は，デザインとライフスタイル提案を前面に出した卓抜な商品企画による「誘い込み」と「囲い込み（ロックイン誘導）」である。

第四は，開発キットの提供を通じてサードパーティの外部知を取り込むという，下位レイヤーにおける巧みなオープン戦略の展開によるアプリの充実化である。

第五は，インターフェイス等に見られるデザインとテクノロジーの融合力である。

第六は，基幹部品は自社で押さえつつも大部分の部品を徹底的に外部から調達すると共に，中国等による安価な組み立てによってコストダウンを図る，したたかな経営力である。

競争力の第一である「製品垂直統合による価値形成」と，第二である「モノとサービスによる相乗的形成」はさらに同時に推進されることで上位に相乗的な競争力を形成している。まず3.でこの競争力について考察し，後の4.でその他の競争力を見ていくことにしたい。

## 3.〈iPod〉の競争力（1）：2つの融合的・相乗的価値形成

〈iPod〉の競争力において最大かつ画期的であったのは，「製品融合による複合的価値形成」ならびに「モノとサービスの相乗的価値形成」という「モノとサービス」の双方にまたがる価値システムを形成したことに求められる。

まず，〈iPod〉というモノは，この後に詳細を議論するように，実は「メディア」「プレイヤー」「ストレージ」といった従来別々であった商品を融合させた「完成品融合体」である。また，その販売と共に，〈iTunes Store〉によるサービスの提供を行うということを通じて，「モノとサービス」の相乗的価値を形成したことが大きい。全体を一言で言えば，〈iPod〉は従来の「音楽鑑賞という価値提供」のシステム自体を変容させたと言えるだろう。すなわち，イノベーションである。これを他社に先駆けはるかに先行して行った点が最大の競争力となったのである。

本節では，その価値形成の実際について，まずモノである「携帯デジタル音楽デバイス」としての〈iPod〉について，次にそれと〈iTunes Store〉というサービスの関係を見ていくことにする。

### 3.1. 競争力1：「製品融合による複合的価値形成」：メディア・プレイヤー・ストレージの三位一体化

#### 3.1.1. モデルの変容によって生じる世代間文化差異

音楽メディアは，極端に言えば10年毎に大きくモデル創新がなされ，最終消費／使用ユーザーへの価値提供が画期的に進展している。つまりイノベーションが起こっていると見て良い。それは，この業界が大きく他の産業分野における変化の先取りをしていることを意味する。対比的なのは，自動車業界であろう。100年以上も「改善」による既存モデルの錬磨で競争力強化を進めてきた業界は，今，電気自動車の出現によって製品モデルもビジネス

モデルも大きく変わろうとしている。しかし，それに類することは，音楽メディア機器業界で先行して進んでいると見て取れるのだ。

　一般的に，モデルの変容は，それ以前の従来モデルに慣れ親しんだ世代と，新しいモデルを受け入れる若い世代との間にギャップを生じさせる。その意味で，現在の日本社会は「多世代同居（あるいは雑居）社会」と言えるだろう。それまでの日本には老若の争い（年齢差による葛藤）はあったものの，その歴史の大部分を祖父母から孫まで同じ文化環境の中で生きてきたので，今ほどのジェネレーションギャップ（世代差・年代差による葛藤）はマレであった[3]。

　ただし，マレな例は，二つ思い浮かぶだろう。

　1つ目は，明治維新のもたらした「維新前」「維新後」の世代間ギャップである。文明開化と身分制度の撤廃，廃藩置県と富国強兵策等が相まって，それまでと異なる世代の台頭が目覚ましかったことは『龍馬伝』から『坂の上の雲』が描いた世界である。中でも，新聞・雑誌等の紙メディアの普及と識字率の急速な向上は，親と子との世代間文化度を大きく異ならせたに違いない。

　2つ目は，第二次世界大戦の敗戦によって生じた「戦前，戦中，戦後」世代のギャップである。天皇制・軍国日本から民主・平和主義日本への転換は，戦後世代を産み出した。中でも，ラジオ，映画，そしてTVといった急速な非紙メディアによるマスコミの発達によって，親と子との世代間文化度をこれまた大きく異ならせた。なぜなら，世代間ギャップを生み出す大きな要因の1つは，文化コーホート（同じ文化環境の中で生まれ育った集団）の違いだからだ。中でも，情報メディアによる世代間の違いは極めて大きな世代間ギャップを生み出すものである。

　おそらく，今回の東日本大震災は，新しいネットワークメディアをさらに進展させ，SNSをはじめとするパーソナルメディアを使いこなす新しい世代，すなわち「戦後」に続く「被災後」の新世代を形成するかもしれない。また，今回の〈iPod〉と〈iTunes Store〉の関係は，その基盤形成の先駆け

であったと後生に評価されるかもしれない。

## 3.1.2. 音楽メディアの歴史的俯瞰[4]

さて，そういった背景の中で，音楽メディアの歴史を振り返ってみよう（話を明瞭にさせるため，少々大胆に類型化する点をお許し願いたい）。

音楽メディアの世代別類型化の中で〈iPod〉を位置づけると，表1のようになる。〈iPod〉は，従来のスタンドアローンメディアあるいはスタンドアローンデバイスではなく，ネットワークトメディアでありネットワークトデバイスであることが分かるであろう。

表1　世代毎の主要音楽メディア

- 1950年代中盤　70歳代— EP
- 1960年代中盤　60歳代— LP
- 1970年代中盤　50歳代—カセットテープ
- 1980年代中盤　40歳代— CD
- 1990年代中盤　30歳代— MD
- 2000年代中盤　20歳代— iPOD

まず，これらの音楽メディアについて，簡単に見ていこう。

● EPレコードの時代

1950年代中盤，現在70歳代の人々が若い頃に慣れ親しんだ音楽メディアは「EP」であった。ジュークボックスの中のドーナツ盤45回転のアナログレコードで，通常両面に一曲ずつ入っていたレコードだ。

● LPレコードの時代

1960年代中盤に人々が楽しんだ「LP」レコードが，現在60歳代の人々が若い頃の音楽メディアであった。直径30センチの円盤，33.3分の1回転，両面に通常6曲程度ずつ入る"ロングプレイ"のレコードを楽しんだ。まさに高度成長時代に量的拡大がなされたと言えるだろう。

● カセットテープの時代

1970年代中盤，現在50歳代の人々は，いわゆるフィリップスタイプの「カセットテープ」で青春を過ごしたはずだ。オイルショック以降の低成長期とはいえ，日本の製造業は快進撃。カーステレオと，〈ウオークマン〉をはじめとするカセットプレイヤーやカセットデッキが普及した時代である。

● CDの時代

1980年代中盤，現在40歳代の人々は，若い頃に，バブル経済の中でデジタル化のスタートとして「CD」の時代を迎えた。しばらくカセットテープが録音媒体として残ったものの，CDへの録音が可能になると共にレコードはアッという間に駆逐された。

● MDの時代

1990年代中盤，現在30歳代の人々が若い頃は，ウオークマンから始まった「ウエアラブル」が最小サイズになった「MD」へと移行を始めていた（ただし，MDは録音メディアとしては扱い易かったものの，音楽作品販売には小さ過ぎたようで，世界的な普及には今ひとつであった）。

● 〈iPod〉の時代

そして2000年代中盤になり，現在の20代の人々を中心に〈iPod〉が世界を席巻するようになった。さらに携帯電話〈iPhone〉から〈iPad〉へと，そのラインアップは拡充している。これらは後述するように，「モノの所有からサービスの使用へ」の変容を物語っている。

### 3.1.3. 音楽メディアのコンセプトの変容

さて，こういう音楽メディアの変化は，同時にコンセプトの変容と価値形成の移行をもたらす。それらを概観すると次のようになる。

● EPレコードからLPレコードへの移行（量による質の変容）

たとえそれが同じレコードという媒体モデルにおける移行であったとしても，量の拡大は質の変容を促す。我々はLPによって初めて「アルバム」と

いう概念を得た。ポップスの場合，ヒット曲だけを集めたコンピレーション（単純集積）だけではなく，「コンセプトアルバム（あるテーマに基づく相互に関連した曲目の集合）」という「全体としての作品」を生み出すことを可能にしたのである。ビートルズのLP『サージェント・ペパーズ・ローンリーハーツ・クラブ・バンド』はその先駆け的代表例と言えるに違いない。それはアーティスト側へ価値創出の主導権が移行したことを意味すると共に，その作品を享受できるという消費者への新しい価値提供とも言えるだろう。

　量が質を変えると言えば，CDとDVDもその一例だろう。両者はデータ容量が違う以外ほとんど変わらない。誤解を恐れなければ，データ蓄積に関する画期的な技術開発によって従来のCDからデータ容量を格段に向上させたのがDVDであったと言える。技術的には単なる量的拡大に過ぎない。しかし，CDからDVDへの移行に伴い，商品が提供する価値は画期的だった。なぜなら，扱うことができるモードがテキストや音像に加えて映像まで拡充されたからである。使用者に画期的な価値をもたらしてくれたのだ。それゆえ，音楽カセットテープを駆逐したCDと対比させれば，DVDは，映像ビデオのカセットテープを駆逐したものであるとも位置づけられるはずだ。このように従来モデルの技術的改良に過ぎないと言えるかもしれないが，それが顧客と市場に新しい価値をもたらせば，それはイノベーションと呼べるのである。

● **レコードからカセットテープへの移行（携帯性，録音可能性，編集可能性）**

　我々は，3つの概念を入手した。1つ目は，もちろん「ポータビリティ（持ち運び可能性）」である。気軽に持ち運べ，車の中でも気軽に聴ける音楽メディア。音楽における「ポータブルメディア」の登場である。2つ目は，テープに気楽に録音する価値を得たことである。すなわち「レコーダビリティ（録音可能性）」の獲得である。さらに3つ目に，他のメディアからコピーする便利さや，それらを「編集」する楽しさを知ったことだ。すなわち

「エディタビリティ（編集可能性）」の獲得である。

これらの「持ち運び可能，録音可能，編集可能」という3点から，価値形成が音楽産業の専門家の手から徐々に消費者側に移っていったことが読み取れるだろう。あるいは，カセットテープはユーザー側に生活モデルの変容，すなわち価値モデルの創新（イノベーション）をもたらしたと言えるのである。

●カセットテープからCD・MDへの移行（操作性，装着可能性）

CDによって音楽メディアはデジタル化された。これによって，特に「一発頭出し」「リピート」「プログラム」等の再生が可能になる等の「オペレーショナリティ（操作性）」や高音質化が一気に高められた。ただし，それは同時に高位安定的な複製の容易化という問題を生じさせたことにもなる。また，MDへの移行は，ポータブルなメディアをさらに「ウエアラブル（装着可能性）」に進化させたとも言えよう。

これらを見ていけば分かるとおり，音楽メディアの進展は，明らかに価値をユーザー側へ寄せていく歴史であったと言えるだろう。そのゆえに，新しく画期的な価値提供を行ったことがイノベーションなのであって，それを可能ならしめた技術のインベンションがイノベーションそのものであったのではない，という点を，ここで確認したい。あくまでイノベーションとは，新たに画期的な価値を社会や生活に提供することを言うのである。

### 3.1.4.〈iPod〉におけるモノの価値の融合的形成

CD・MDから〈iPod〉への移行は何をもたらしたのであろうか。ここで，その変容を述べるための準備として，次の意地悪な質問をさせていただこう。

「今までの議論，あるいは表1の右側で，筆者は少々ズルをしている。どんなズルをしているのだろうか？」

お気づきの方もおられるだろうが，筆者の今までの講義・講演等の経験で

はこのズルが見破られたことはない。

　実は，EP レコードから MD までは音楽メディアの一般名詞を並べたのであるが，〈iPod〉だけは商品名を掲げたのである。

　このズルは 2 つのこと言わんがために意図したものである。

　第一は，〈iPod〉だけが商品名ということに多くの方が気づかれないとすれば，それは〈iPod〉がイノベーション製品であるということである。〈ホッチキス〉，〈ゼロックス〉，〈味の素〉，〈宅急便〉等，画期的な商品は，その商品名自体が当初一般名詞として使用されるのである。それぞれステイプラー，乾式普通紙コピー機，調味料，宅配便等の一般名詞化で括られるようになるのは，その後しばらくしてからである。

　第二は，次の設問をするためである。すなわち，〈iPod〉は何という一般名詞で呼べば良いのだろうか，と。実は，秋葉原の家電量販店をはじめとして，例えば新聞における商品カテゴリー表示等，巷では一般的に「携帯型デジタル音楽プレイヤー」として分類されている。すなわち，〈iPod〉は音楽メディアではなく，プレイヤーとして認識されているのだ。たしかに，EP レコードから MD までの音楽メディアは，あくまで楽曲というコンテンツを入れる収録媒体であった。つまり，音楽メディアは，それを奏でる「プレイヤー」が必要なのである。例えばソニーやパナソニックといった日本の家電メーカーが強いのは，実はこのプレイヤー（あるいはレコーダー）の商品分野であった。もちろん，カセットテープ以降の生メディア（バージンメディア）も日本の企業群が圧倒的に強かったが，基本的には別事業であった。

　では，EP レコードから MD までに対応して，〈iPod〉のところには，何を入れたら収まりがつくのだろうか？　MP3 だろうか。しかし，それはコンテンツをメディアに収録するフォーマットであって，EP レコードや MD のようなメディア自体を指しているわけではない。だとすると，〈iPod〉は何なのだろう。〈iPod〉は，メディアか，それともメディアプレイヤーなのか？

　実は，〈iPod〉は本体内にハードディスクあるいはフラッシュメモリーと

図1 〈iPod〉はメディア・プレイヤー・ストレージの三位一体的統合

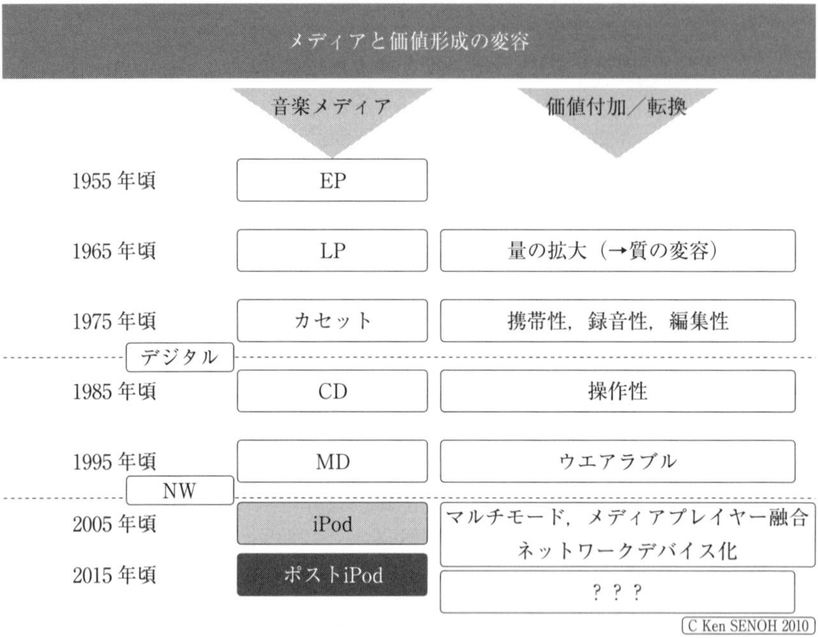

| | メディアと価値形成の変容 | |
|---|---|---|
| | 音楽メディア | 価値付加／転換 |
| 1955年頃 | EP | |
| 1965年頃 | LP | 量の拡大（→質の変容） |
| 1975年頃 | カセット | 携帯性，録音性，編集性 |
| | デジタル | |
| 1985年頃 | CD | 操作性 |
| 1995年頃 | MD | ウエアラブル |
| | NW | |
| 2005年頃 | iPod | マルチモード，メディアプレイヤー融合 ネットワークデバイス化 |
| 2015年頃 | ポストiPod | ？？？ |

Ⓒ Ken SENOH 2010

いう記録メディアを内包するプレイヤーである。とすれば，すなわち〈iPod〉はメディアでありプレイヤーであるという両者の融合体と言えるのである（図1）。

　さらに，今までのメディアには「所蔵庫（ストレージ）」が必要であった。レコードやカセットテープ，あるいはCDは，それぞれ狭い日本の家庭においてはその収蔵場所が悩みの種であった。〈iPod〉では，楽曲というコンテンツを〈iTunes Store〉からネットワーク経由でダウンロードする段階で，まずパソコンという一次格納庫に納め，次に，そこからコンテンツを取り込んで収蔵する二次格納庫である〈iPod〉へ移転する。これにより〈iPod〉自体が二次ストレージになる。さらに〈iPhone〉や〈iPad〉になれば，一次格納庫であるパソコンを経由しなくても，いきなり直接的なダウンロードが可能となるので，それらは最初からストレージとなりうるのである。

従来，レコードから MD までの音楽用メディアは，あくまで楽曲というコンテンツを入れる収録媒体であり，それを奏でる「プレイヤー」という演奏機器と「ストレージ」という物理的な収納場所を別に必要とした。これに対し，〈iPod〉はハードディスクあるいはフラッシュメモリーという記録メディアを内包するプレイヤーであり，また，それゆえストレージでもあるようになった。
　このように，〈iPod〉は，メディアとメディアプレイヤーと，さらにストレージを加えた三種の融合体なのだ。今まで分離されていた価値が，〈iPod〉によって垂直統合されたのである。このように従来は3つのハードウエアによって価値提供が分離されていたものが〈iPod〉によって融合化された。つまり，〈iPod〉はハードウエアの複合的価値形成によってユーザーに利便性という価値提供を新たに行った点がイノベーションだったのである。
　通常，我々は，こういった家電的エレクトロニクス商品は垂直分離・水平（あるいは斜形）分業化すると言うが，〈iPod〉を巡る価値形成は，実は垂直統合的になされていたのである。それが〈iPod〉を起点としたイノベーションの大きなポイントである。
　アナログ技術からデジタル技術へ移ることにより，従来は音像を扱うだけであった"モノモード・メディア"は，画像や映像やテキストといったモード群をも扱う"マルチモード・メディア"へと変身した。この場合，デジタルメディアは，その扱うモードを複数にして統合的に融合させたが，しかしメディアやプレイヤーといったカテゴリー自体を問い直すことにはならなかったのである。しかし，〈iPod〉は違った。音楽メディアやプレイヤーの延長版にとどまらなかったのである。〈iPod〉は，メディアとプレイヤーと，さらにはストレージの役割をも担う融合体として「垂直統合的・相乗的価値形成」を行った革命児なのである。
　言い換えれば，従来の価値システムを前提としたそれぞれのハードウエアを錬磨したのではなく，基本的に消費者へ提供する価値を形成するシステム自体を変容させたイノベーション（価値システムの創新）と見るべきであろ

う。

　しかもそれだけではない。次に述べるように，そこへコンテンツ自体の提供という〈iTunes Store〉という「サービス」による価値提供も，相乗的な事業として一体化されたのである（ただし，いったん融合された価値は次にネットワークサービスあるいはクラウド側に分離移行を行うことによって次の価値形成移行を行うことが可能となる。それについては後に述べる）。

## 3. 2. 競争力２：「モノとサービスによる相乗的価値形成」の同時推進

### 3. 2. 1.〈iTunes Store〉との連携による「音楽鑑賞という価値提供システム自体」の変革

　〈iPod〉は，モノ側のモデルを革新的にモデル変容させただけではない。加えて，デジタル化された音楽ファイルを，インターネット上のサービス〈iTunes Store〉から自分のパソコンにダウンロードして携帯デバイス〈iPod〉に移行させ，いつでも・どこでも音楽を楽しむことができるようにした。この点が価値形成システムとして，従来になかったモデルである。著作権の領域まで踏み込んだサービス事業の組み合わせによって，本体である"モノ"と，"サービス"の相乗関係を創ったのである。その結果，モノが売れればサービスが伸び，サービスが伸びればモノが売れるという相乗効果をもたらすようになったと言える。

　ただし，〈iPod〉が〈iTunes Store〉と相乗的な関係を築くことによって，従来の「音楽鑑賞という価値提供」のシステム自体を変容させたと見ることも極めて重要である。なぜならば，この価値システム自体の変容は，その後，多くの分野におけるビジネスモデル自体を大きく変える「先導的モデル」「先行指標」となったからである。これについては，別途議論を行うこととしたい。

　さて，このようなビジネスモデルを仕掛けるために，アップルは〈iPod〉をウェブサイトと簡易につながる仕組みを構築した。これは従来の携帯型デ

ジタル音楽プレイヤーとは明らかに異なる価値形成の仕方である。アップルは，自社のウェブサイトに大量の音楽コンテンツを持つ音楽ストア〈iTunes Music Store〉を開設し，ここから楽曲を簡単にダウンロードできるようにした。その際，圧縮フォーマットや著作権管理技術（DRM：Digital Rights Management）を気にせずに済むようにした。特に，ダウンロードや管理を簡単にするソフトウエア〈iTunes〉[5]をユーザーに無料で配布し，利便性の面から普及を促進したことが大きかったと考えられる。パソコンに接続すると〈iPod〉が自動的に認識されて〈iTunes〉が自動的に起動し，パソコンの楽曲等と〈iPod〉の中身を転送・同期させる技術〈Auto-Sync〉が動くようにした。

この〈iTunes〉という楽曲管理ソフトウエアは，〈iPod〉発売以前の2001年に発表されたMac専用の音楽ソフトウエアであるが，後にWindows系においても無料での使用が可能となり一気に普及した。音楽CDあるいは〈iTunes Store〉から楽曲等をパソコンにダウンロードし，それをさらに〈iPod〉に取り込むために，〈iTunes〉はなくてはならない。すなわち，〈iPod〉のハードウエアの価値を〈iTunes〉というソフトウエアが補完的に高めることによって音楽鑑賞を可能にするモノ側の価値形成基盤が強化されたのである。

ここで〈iTunes Store〉自体を見れば，実は，これがモノとサービスの代替関係を体現したものであることに気づく。ここでの代替とは，価値がモノによって直接的に提供されることから，サービスを通じて提供されることへ移行することを意味する。CDというモノを通じて楽曲の入手を行うこと（それによって製造業は潤う）と，〈iTunes Store〉というサービスを通じて行うこと（それによってサービス業がより潤う）とは，一種の選択関係にあるので，ここでモノとサービスは代替関係にあると言えよう。特に，デジタルコンテンツ（アプリ等を含む）の入手は円盤というモノを買う（もしくはレンタルする）というより，むしろネットワークを通じて入手することが急増し，「モノの所有からサービスの使用」への移行関係が進展しているのだ。

〈iPod〉と〈iTunes Store〉は，近時，進展しているネットワークサービスビジネスの興隆の先駆けかつ典型例なのである[6]。

〈iPod〉というハードウエアは〈iTunes〉を補完的にして価値を高めつつ，さらに〈iTunes Store〉というサービスとの連動によって相乗的価値形成まで行った。これは，2つの異なるレイヤーにある異なる事業を連動させるという，ビジネスモデル自体の変容でもあるだろう。

事業的には，〈iPod〉が売れれば〈iTunes Store〉を通じて楽曲等の購入も増える。〈iTunes Store〉が充実すればするほど，より〈iPod〉等は普及する。さらにiPodは多様なラインアップを展開するのみならず，〈iPhone〉に進化しながら携帯電話を，また〈iPad〉によってパソコン市場に浸食し始めている。他方，〈iTunes Store〉は音楽のみならず，映像を含む多様なコンテンツを用意するようになっている。

これらは，人々の聴取や購買のスタイル（モデル），あるいは楽曲を楽しむ価値観に大きな変化を促した。さらに「音楽鑑賞という価値提供」システム自体を変容させたイノベーションは，「コンテンツ鑑賞という価値提供」システムの変容をもたらしているのである。

### 3.2.3. オープンとクローズの使い分けによるビジネスモデル革新

このアップルの戦略は，インテルが他部品や機器周辺とのインターフェイス・プロトコルを業界関係者と共に標準化することによってパソコン市場を拡大したのとは対照的な戦略と見ることができるだろう。例えば，前述の〈Auto-Sync〉は開発後に特許を取得して他社参入を防ぐ障壁としている。また，DRMに関して他社機器への流出等を防ぐ〈Fair Play〉という技術は，ノウハウ秘匿で守って障壁としている。ビジネスモデルを守るために，知財マネジメントをしっかり動かしているのである。

しかしながら，その一方でアップルは，〈iTunes〉ソフトウエアの使用をウインドウズ使用者に対しても無料サービス提供したことによって〈iTunes Store〉の市場形成を加速化した。これは，後述する第四の競争力

である「アプリ開発キットの格安提供を通じてサードパーティを与力化すること」と共に，インテルがマザーボード製作ノウハウを台湾メーカーに提供することによって，またそれによって組み立てパソコンメーカー群を与力化したと同様と見ることができる。すなわち，ユーザーに対しては無料サービス提供を行うものの，競合他社が入り込めない障壁をつくることを，クローズとオープンの使い分けによって巧みに行ったという意味では，インテルと同様であると言えよう。

　このようなオープンとクローズの斬新なビジネスモデルは，アドビの〈Acrobat〉と同類と見ることもできるだろう。アドビは，PDFファイル作成・編集機能があるソフトウエアを数万円の有償で販売しているのに対して，PDFファイルのリーダー・ソフトウエアを無料公開し，「デジタル文書を共有する」という新たな価値を提供し，その市場を形成した。アップルとアドビの両社に共通する点は，特許権やノウハウを駆使した知財マネジメントを事業戦略に組み込むことによって，他企業が模倣できない参入障壁を設定して製品を守りつつも，その一方で非常に便利なモノやサービスをつくり，それらの一部の利便性を無償公開して普及を加速する，というビジネスモデルを仕掛けたことである。つまり，ここにも，技術のオープンとクローズを巧みに使い分けることによって，新市場形成の加速化と自社優位の継続性を同時に図るビジネスモデルを展開しているのである。

## 3.2.4. モノとサービスによる相乗的価値形成

　〈iPod〉は，〈iTunes〉という無料ソフトや〈iTunes Store〉という有料サービスの組み合わせによって，当時，著作権管理に頭を悩ませていたレコード会社等の領域まで踏み込みつつも，同意を得られるような相乗的なビジネスモデルを仕掛けた。これはレコード会社等のコンテンツ産業とのWin-Win関係を構築したと言えるだろう。アップルと組むことによってビジネスを伸ばすことができると分かれば，後はコンテンツ側が自然と味方になり，〈iTunes Store〉の充実が格段と進む。アップルはこの音楽や動画のダ

ウンロードサービス〈iTunes Store〉でも販売手数料等によって莫大な収益をあげている。実際，世界的な経済不況となった2008年度以降のアップルの決算においても増収増益を達成している[7]。

　モノのレイヤーとサービスのレイヤーの両者による価値形成を図るビジネスモデルが構築できれば，モノが売れればサービスが伸び，サービスが伸びればモノが売れるという相乗的な関係が加速する。つまり，〈iPod〉のビジネスは，従来の「メディアプレイヤー」だけだった製品を三位一体的に拡充したこと（後に述べる「単層内複合化」），さらにサービスレイヤーまで拡充したこと（後に述べる「複層化」）により二重の斬新さを持ったビジネスモデルとなったのである。

　つまり，〈iPod〉は，我々が今まで前提にしてきた「製品・サービス区分」をデジタル技術とネットワークサービスによって書き換えてしまったのだ[8][9]。

## 3.2.5. スタンドアローンからネットワークへ

　〈iPod〉は，それまでソニーなどの日本企業が先導していた機器単体（スタンドアローン）による「製品＝商品」の価値提供を超え，モノのレイヤーとサービスのレイヤーの価値提供の相乗的価値形成を行うような「製品×サービス＝製品サービスシステム」へとビジネスモデルを移行させた[10]。ソニーもパナソニックも残念ながら，この発想と実践に追いつけなかった。これからの時代はネットワーク社会，サービス社会だという流れを読み，事業戦略に組み込めたかどうかで結果が分かれたのである。

　このことを一般化すれば，今やほとんどの機器は，製品機器単体に工夫を凝らすだけでは，競争優位にはなりにくいことを意味する。スタンドアローンによる価値形成にネットワークサービスによる価値形成が加わったとき，顧客価値は画期的に増大する。この競争優位のつくり方に気づいた企業はこのモデルを新たな事業戦略の定石ととらえ，それを踏襲し，それを超えようとする。すなわち，先導的に社会を変えつつ，変わった社会で主導的に製品

### 図2　スタンドアローンからネットワークへ：音楽メディアの変容と多様化

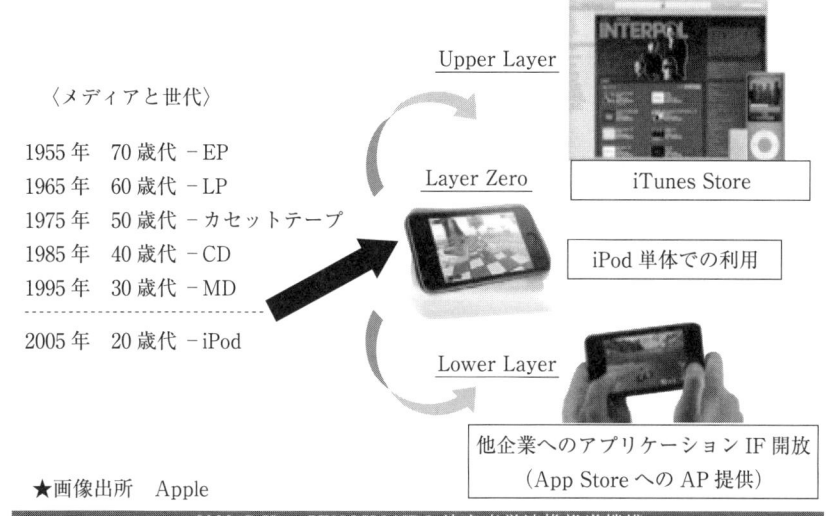

〈メディアと世代〉

1955年　70歳代 – EP
1965年　60歳代 – LP
1975年　50歳代 – カセットテープ
1985年　40歳代 – CD
1995年　30歳代 – MD
-----------------------------
2005年　20歳代 – iPod

Upper Layer — iTunes Store
Layer Zero — iPod 単体での利用
Lower Layer — 他企業へのアプリケーション IF 開放（App Store への AP 提供）

★画像出所　Apple
2009 C Ken SENOH&NPO法人産学連携推進機構

やサービスを生み出すことが，イノベーションによって勝ち続ける事業戦略ということなのである[11]。

## 3.2.6.〈iPhone〉と〈iPad〉への展開の意味[12]

〈iPod〉の次の展開は〈iPhone〉であった。

この〈iPhone〉は通常の携帯電話をスマートフォンに移行させることによって，より一層の価値システムの変換を行っている。ここで重要なのは，通常の携帯電話の価値形成とスマートフォンのそれが異なる点である。従来型の携帯電話の価値システムは，工場出荷時点の機器に組み込まれた「デフォルト機能」「先付け機能」が基本である。これに対し，スマートフォンは出荷後にユーザーがアプリを組み入れることによって機能の拡張・追加ができることが基本である。つまり，スマートフォンにおいては，価値が「プラットフォーム＋後付けアプリ」によって形成されるのである。

これはプラットフォーム基盤としてのOSが極めて重要になることを意味

するだろう。この状況はワープロからパソコンへの移行と比較することが可能である。また，このことはスマートフォンを購入した後で，サービスビジネスが，単に通話・通信サービスを行うだけでなく，アプリの販売を行う等の関係性の追加と継続を前提にしていることを意味している。すなわち，このサービスビジネス分野では，通信キャリア，アプリベンダー，ネットワークストア等の内，どこが仕切るのかが焦点となってくる。このとき，価値システムにおける主戦場はモノ側からサービス側に移行する。この点については 3. で述べる。

さらに〈iPhone〉に続いて〈iPad〉が登場した。〈iPad〉は何だろうか。多くの解釈がなされている。〈iPod Touch〉の大型版，パソコンの小型版，電子書籍リーダー，マルチメディアプレイヤー，スマートパソコン等々。

ここでは「電子書籍リーダー」としての側面を見てみよう。アマゾンの〈Kindle〉との対比で何冊ダウンロード購入されたか，と競い合う話もあるからだ。ただし，この話の暗黙の前提は，「本は買うものだ」という世界観を反映しているように見える。つまり，「モノを所有する」という前提である。しかし，我々は「本屋」のみならず，「貸本屋」も知っている（若い世代は，NHK 朝の連続ドラマ「ゲゲゲの女房」を通じて知っているかもしれない）。さらに，どの世代でも「図書館」を知っている。本は購入して読むだけでなく，借用して読むことも少なくないはずである。

ところで，今，映画を購入する人はどのくらいいるだろうか。デジタルコンテンツの購入・使用形態は急速に変化している。ソフトウエアもしかり。円盤である DVD 等による購入から，ダウンロードを通じた購入を経て，ラインを介したネットワークサービスの使用へと替わりつつある。DVD（あるいは Blue-Ray）という円盤メディアというモノを購入するという「モノの所有」から，ネットワークを介してオンデマンドで映画配信を利用するという「サービスの使用」へと実態は変容しているからである。円盤の購入ではなく，ラインを使った使用であるから，筆者はこの状況を「円から線へ」と呼んでいる。

ちなみに，クラウドサービスとは，コンピュータシステム機器の購入ではなく，そのサービスの使用に他ならない。ましてや，シンクライアント（パソコン自体にストレージ機能を持たせず，中央のサーバーにすべてをストレージする）方式になれば，少なくとも業務用途は確実にこちらに移行するだろう。

　要するに，オンラインショップによるモノの販売には限度があるということだ。電子書籍は購入するのか，それとも貸与されるようになるのか。三日間限定の貸与なんてこともありうるかもしれない。電子貸本屋や電子公共図書館による貸与サービス，あるいは使用サービスが出てくるだろう。

　紙媒体の場合，借りた書籍に書き込みやアンダーラインを引くことは御法度だが，電子書籍ではそれが可能となる。紙面の上に「オーバーレイ」を置けば良い（かつてのOHPを重ねるイメージ）。その「オーバーレイ」の部分だけを自分の所有としておけば，そこに何を書いても構わない。本を返したとしても，そのオーバーレイ部分は自分の所有物として，自分のストレージ（パソコン内でも，クラウド側でも）に置いておくことができればよい。その「私のオーバーレイ」自体を「キープ」するサービス自体が図書館側で用意されることもありえるだろう。同じ本を借りる度にそれが自動的に重ねられるようにすることは技術的には難しくないはずである[13]。

　電子図書館は，クラウドの向こう側に置かれる。借りずに購入した場合も，クラウドにある「マイライブラリー」に置いておけば，「マイブック（共有する本＋マイオーバーレイ）」をオンラインで活用することになるだろう[14]。

　これを電子書籍からデジタルコンテンツ一般に拡張してみればよい。この先の「コンテンツ鑑賞という価値提供」は明らかに，モノからサービスへ移行するはずである。

　　　（追記）　2011年6月にアップルは〈iCloud〉ビジネスを2011年秋から開始することを表明した。本項でストレージと呼んでいる価値機能

を同社は「ロッカー」と呼ぶ。またスティーブ・ジョブズCEOは，情報社会の本格化に伴い，従来の「パソコン中心のビジネス」から「クラウドサービス中心のビジネス」へと移行することを明確に宣言した。本論が指摘しているベクトルどおりである。

## 4.〈iPod〉の競争力（2）

### 4．1．競争力3：卓抜な商品企画による「誘い込み」と「囲い込み」

競争力の第三は，卓抜な商品企画による，「誘い込み」と「囲い込み（ロックイン誘導）」である[15]。

2001年当時，〈iPod〉の開発チームは携帯型デジタル音楽プレイヤーを革新するアイデアとして，「ユーザーエクスペリエンス（使用者体験）」やCDコレクションのすべてを持ち運べること等を基本コンセプトとし，市場調査から製品開発を経て僅か9カ月で商品販売にまでこぎつけたという。その後，2003年4月に〈iTunes Music Store〉を開始[16]，2004年4月に発表した〈iPod mini〉が爆発的に普及して，今日の基礎が築かれた。

強力なブランド力を背景に，"アップルらしいコンセプト"と，それを体現する都会的な洒落たデザイン，ウエアラブルなリスニングスタイルやシャッフル等の使い方の提案等は，斬新なイメージを市場に訴えた。特に，アフォーダンスに溢れた使い勝手の良いユーザーインターフェイスが魅力的だ。製品のインターフェイスデザインを見れば使い方は分かるはずであるとして，〈iPod〉には使用説明書がない。また，発売当初はMacパソコンユーザーのみに提供されていた楽曲マネジメント用ソフトウエア〈iTunes〉を，2003年に無料でウインドウズユーザーへも公開したことは，市場形成を加速する強力な戦術であった。これらは極めて巧みな「誘い込み」とみなせるだろう。

この局面におけるアップルの魅力は，ものづくりの原点である基本コンセ

プトと設計思想そのものであろう。商品のデザインと使い勝手について，常に先端を開拓し，いわば技術はそれらを具現化する手段として位置づけられている。つまり，技術起点ではなく，事業あるいはイノベーション構想起点であると言うことができる。

　その「誘い込み」の一方で，「囲い込み」についても手が打たれていた。いったんインターフェイスの操作性に慣れると，それは，ユーザーエクスペリエンス（使用者経験）の最大化とそれによって使用者の使用技能の身体知化を導く。ユーザーエクスペリエンスが蓄積されることにより，他社機種に取り替えるとしたら別の操作に慣れるまで手間暇がかかるので，機種交換に躊躇を生む。いわゆる「スイッチングコスト」がかかってしまうのである。また，数千曲を〈iPod〉あるいはパソコン内と〈iPod〉内に取り込んでいたとすれば，他社の機種にそれらを全部移行させることも，これまた手間暇というスイッチングコストとなり，他機種にスイッチさせることを躊躇させるだろう。ユーザーがそれらのコストを避けるということは，〈iPod〉が参入障壁を築き，ロックイン（囲い込み）を行ったと言えるのである。これらの「誘い込み」と「囲い込み」は，商品開発力を含むマーケティング力の勝利である。

## 4.2. 競争力4：下位レイヤーのオープン戦略

　第四の競争力強化は，下位レイヤーにおける巧みなオープン戦略によるものである。〈iPod〉等では，アプリケーションソフト（以下，アプリ）が35万種類あることが大きな競争力である（2011年1月現在）。これは他社製品と比して，圧倒的に大きな差となっている。アプリを扱う〈App Store〉からのダウンロードは，2011年1月に100億本を超えた。

　これは，〈iPod〉のアプリ開発キットを低価格でサードパーティへ提供しているお陰である。勝手に創意工夫に満ちたアプリをどんどん開発してもらえば，アプリ群を充実させられ，結果として〈iPod〉等を使う価値が累積的・加速的に高まっていく。このサードパーティの活用は，戦国武将が自軍

を助ける「与力」を集めることと同様であるとたとえることができるだろう。これは一種の知財マネジメントである[17]。

　法人・個人を問わず，希望すれば，誰でもアプリ開発のための〈Mac Developer Program〉という技術リソース（開発キット）と，アップルの有料サポートサービスに参加でき，自由な開発が可能となる[18]。開発したアプリがアップルの審査を通れば〈App Store〉で，開発者自身による価格設定の下で一般ユーザーに販売できるようになっている。この仕掛けによって，世界中の多様な開発者が多様なアプリを開発し続けており，結果として，〈App Store〉からダウンロードできる魅力的で安価なアプリが日々増えているのである。

　これは，下位レイヤーのオープン戦略によって〈iPod〉等の付加価値がますます高まり，すなわち競争力が強化されることを意味している。これは，前述したサードパーティの活用で，協力者が集まる状況をアップルがマネジメントした広義の「オープン戦略」とも言えるだろう。ちなみに，アップルは，〈Mac Developer Program〉参加者からの参加料やアプリケーションソフトウエアの販売手数料（約30％）等も獲得できる。

## 4.3. 競争力5：デザインとテクノロジー融合

　第五の競争力は，インターフェイス等に見られるデザインとテクノロジーの融合力である。第三の競争力で述べたように，〈iPod〉は，アフォーダンスに溢れた使い勝手の良いユーザーインターフェイスを開発した。このインターフェイスについては，長年Macパソコンで培った表示画面のデザイン（直感的に操作を誘導する）と共に，指2本によるスクロールやピンチの使い勝手技術も十分に活かされている。このようにデザインとテクノロジーの融合が深まっている点が見逃せない。前述のように，〈iPod〉等には使用説明書がないことは，製品のインターフェイスを見れば使い方は分かるはずであるというデザインの自信のあらわれでもある。さらに，多くの技術が小さな製品の中に無駄なく埋め込まれるということはデザイナーの関与がなけれ

ばなされえない。逆に言えば，デザイナーの関与があるからこそ，あのようなテクノロジーがあの形で「実装可能」になるのである。

　従来のアピアランスデザイン（製品の外観デザイン）ということではなく，デザインがテクノロジーと密接に関係して，相乗効果を生むという点も，これまた〈iPod〉等の競争力であると言えよう[19]。日本ではデザインがまだまだブランド論の側面だけでしか語られていない点が極めて残念である。

## 4.4. 競争力6：グローバルな技術と部品の調達

　第六に，基幹部品は自社で押さえつつも，周辺部品の大部分を徹底的に外部メーカーから買い叩いて調達するしたたかな経営力も，これまた競争力上，極めて重要である。

　アップルは，ハードウエアのデザインや設計からOSやアプリの開発まで，製品の構成要素の開発をすべて自社で手掛ける企業である。しかしOSだけを外販することはない。現在では，同社のパソコン〈Mac〉のOS上で〈Windows〉を稼動させることもできる。また，〈Mac〉パソコンのCPUについては，2006年にモトローラ製からインテル製に切り替えたが，そのマザーボード上の構成部品等の細部まで「擦り合わせ」の設計に基づいていると言われている。つまり，アップルは，インテルがCPU内の部品レベルで行っている「内インテグラル，外モジュラー」「内クローズ，外オープン」をパソコンレベル（あるいはさらに全体のレイヤーレベル）でも行おうとしているとも言えるだろう。

　ところで，〈iPod〉の製造はアップル自身の工場で行うのではなく，そのほとんどをEMS（Electronics Manufacturing Service：電子機器の受託製造業）に外部委託している。ある調査によると[20]，2008年まで〈iPod〉に使われている部材のうち，マイクロプロセッサやビデオプロセッサが米国製である以外は，ハードディスク，液晶画面から接着剤，フィルム等多くの部材を日本企業が供給していたし，筐体裏面のステンレス・スチールの磨きに

ついても新潟県燕市で食器を磨いた匠たちのノウハウが活かされていた。また，〈iPod〉の場合，そのEMS部材コスト原価は144ドル，アップルの粗利は122ドル，〈iPhone〉の場合は，EMS部材コスト原価は280ドルで，アップルの粗利は318ドル，という推定結果が出ている。恐るべき収益力である。

　筆者が〈iPod〉の出現時に，その潜在的な意味は大きいことを述べたとき，多くの識者から「しかし，〈iPod〉の部品の大部分は日本製である。アップル独自の技術はほとんどない。また技術の多くは既に日本が持っているもので，かなりは枯れた標準技術である」という批判を受けたことがある。しかし，第5世代以降の〈iPod〉では，部材のほとんどが台湾メーカー製のものに替わり，製造は中国で行われるようになってしまった。つまり，日本企業はEMSですらなくなりつつある。〈iPad〉では，相当の部品が日本製に戻ったと言われているが，しかし，これも下手をすると新興国に再び取り戻されるリスクを抱えていることは間違いないだろう。筆者の懸念は今もなくならない。逆に言えば，現在，日本のものづくりや匠の技は欧米等の勝ち組企業に利用されるだけで大幅な利益を得られる状況に至っていないとも言える。いわば部品・材料の下請納入業者という位置づけと見ることができるのである。ものづくりに長けた日本企業群とはいえ，その利益率は数%以下と推定されているから，〈iPod〉等の収益性の高さは抜群である。

　アップルはその一方で，基幹技術に関しては独自あるいはM＆Aを通じて外部からしっかり新規技術を取り込んで独自化している。例えば，〈iPod Touch〉や〈iPhone〉，〈iPad〉におけるインターフェイスのタッチ面における技術である。指2本を使用するスクロールやピンチを行うことは，実はMacパソコン（特にMacBookAir）において，培った技術である。これらは知財権的にも押さえがなされており，明らかに，「標準技術で安く確実にする部分」と「独自技術で差異化を計る部分」の使い分けを徹底していることが理解できよう。

　このように，アップルの〈iPod〉等のビジネスモデルは，巨大な利益が米

国の「勝ち組」企業に流れ，日本は部品供給を下請けとして支える構造の典型例であるとも見ることができるのである。ただし，これは〈iPod〉等に限った話ではなく，かつて日本企業群が100％近いシェアを持っていたと言われる多くのエレクトロニクス製品で同様の状況であることに留意したい。

このように，全体の製品サービスという外側全体（アウトサイド）ビジネスコンセプトをしっかりと作り込めば，実際のものづくりでは日本や新興国の技術や生産を活かすようになれる。すなわち，「技術が限られていても，事業で勝てる」のだ。このような製品・サービスづくりは，基幹部品主導型に対し，完成品主導型として部品・材料納入業者を下請けとして使うモデルである。

これらを俯瞰的に言えば，アップルの競争力は「ものづくり力」そのもの（だけ）ではなく，「ものづくりの国々や企業等を使う力」であるとも言えよう。

## 5. 価値モデルの変容：単体・単層から複合体・複層へ[21]

「製品単体＝商品」として見ることが，従来の製品戦略上の基本であった。例えば，初期のパソコンもワープロや計算機として活用されていたスタンドアローン製品であった。

製品単体＝商品の典型は，単一の物質がそのまま製品になり，その製品単体で市場を形成できる場合である。医薬品，機能性素材などが典型的だ。例えば，医薬品の主な構成要素は，薬理活性を持つ物質そのものであるから，物質がそのまま製品になりうる。これらの大きな特徴は，物質そのものが（発見されたにせよ，合成されたにせよ），他に同様の機能を発現するものがまずありえないユニークなものであることだ。それは，1つには代替技術で迂回して同様のモノを創ることができないと考えられるということであり，2つには，物質であるがゆえに模倣品が出たとしても容易に発見することが可能であることを意味する。このような分野では，そのお陰で，単体製品自

体が商品として独立市場を形成できる（筆者は「独立市場形成商品」と呼ぶ）[22]。このようなモデルでは，製品に関わる技術を確実に権利化して他社参入を排除する知財マネジメントが事業戦略の基本になる。また，このモデルでは製品を「準完成品」ととらえる有用性は限られるかもしれない。

　単体で独立市場形成ができる製品の次の段階として，技術をモノあるいはサービスに「実装」して，それを製品とする類の製品がある。その製品単体を商品として販売することは，従来からの「製品＝商品」の基本である。

　他方，エレクトロニクス製品や機械製品等は，数多くの部品から構成される。最小単位は「部品」として扱われ，それらを組み合わせて「完成品」に仕立てられる。例えば，パソコンは3,000部品，自動車は3万部品，ロケットは30万部品程度の部品がシステム化され「完成品」になる，といった具合である。一般的には，かつては比較的少ない部品から構成されていたものが，技術が進歩し，また顧客価値が多様化するにつれ，複雑さが増し，部品数が大幅に増加しているようだ。ただし，製品モデルの革新により一気に部品数が減る例もある。例えば，自動車は電気自動車化すると部品数が一桁減少すると聞く。

　いずれにせよ，このように従来の製造業では，完成品の立場から「製品（部品の集合体）＝商品」としていたのである。

## 5.1. 製品をシステム論的に「準完成品」として見る

　さて，ビジネスモデルに関して，筆者はインテルの「インサイドモデル」とアップルの「アウトサイドモデル」を従来から対比的に語っているが，その一方で，インテルのMPUであれアップルの〈iPod〉であれ，どちらも「準完成品」として見ることができるとも指摘している。

　インテルのMPUはパソコン全体から見れば部品であるが，それ自体はサブパーツの集合体として構成されており，その意味では「完成品」である。しかし，パソコンも今や，それ自体が完成品として独立して機能するスタンドアローンとしてだけで使用されることは減り，広くネットワークとつなが

った端末機として位置づけられるようになった。したがって，MPU は部品でも完成品でもあり，パソコンも完成品でも部品でもある，と言えるだろう。そこで，MPU とパソコンのどちらも「準完成品」という中間的な位置づけでとらえることが可能かつ適切となるはずだ。

　他方，アップルの「アウトサイドモデル」を完成品主導モデルとは呼ぶものの，実は〈iPod〉等の「完成品」もそれ自体だけで使用される場合は限られる。1. で見てきたように，インターネット上の〈iTunes Store〉から楽曲等をパソコンにダウンロードし，それをさらに〈iPod〉に取り込む。〈iPhone〉や〈iPad〉は無線でネットワークとつながるデバイスであるから直接ネットワークを通じて〈iTunes Store〉とつながる。「音楽鑑賞という価値提供システム」全体から見れば，〈iPod〉等はこのシステムにおける「部品」とみなすことができるのだ。つまり，〈iPod〉も〈iTunes Store〉のどちらも「準完成品」と言えるだろう。また別のレイヤーではサードパーティにアプリ開発の与力化を促進するようになっている。〈iPod〉はアプリを入れることによって「より完成品になっていく」。つまり，この側面でも，「準完成品」としてとらえることが可能であろう。

　こういった特徴は一般的なシステム論からとらえることができる。システム概念には多様な定義があるが，ほとんどの定義に共通するのは「創発性」「階層性」「コミュニケーション＆コントロール」の三要素である[23]。このうち「階層性」は，あるシステムは必ず上位システムのサブシステムであると同時に，そのシステムには必ず下位のサブシステムがあるとみなすことができることを示す。例えば，ある生物は，下位システムである器官（あるいは細胞，組織）から構成されているとみなせる一方で，上位システムである生態系の構成要素と見ることができる，といったことである。この考え方を適用すれば，ある製品を「準完成品」としてとらえるということは，それを「システム」としてとらえることと同義である[24]。

　このようなシステム観に基づいて〈iPod〉やインテルの MPU を見れば，基本的には上位製品（あるいはサービス）の一部であると同時に，その上位

システムから見れば「部品」ということになると共に，それは下位から見れば上位の「完成品」になるということである。すなわち，下位システムから構成されたシステム（＝完成品）であると同時に，上位システムを構成する要素（＝部品）ととらえられるのだ。この考え方は，新たなビジネスモデルを構築するための起点となる。すなわち，従来のように製品だけを念頭に置いたビジネスモデルとは別の検討が必要になるのである。ある製品をいちど「準完成品」概念によって把握し，その把握に基づいて次にその上位あるいは下位，あるいは別のレイヤーとの関係でとらえ直せば，自分たちの製品と他の製品やサービスとの連携，協業，分業，あるいは主導・従属の可能性を見出すことができる。つまり，価値形成の総体を俯瞰することが可能となるのだ。

このように，「準完成品」という概念を導入してみれば，価値形成の全体の中で，製品（完成品）を構成する部品（要素）をどのようにとらえれば自社に有利になるか，という観点から検討することが可能になる。どのような全体の価値形成を念頭に置くのか，その上で，どこに価値を寄せればその全体の中で主導権が握れるのか，その中でどのように自社製品を位置づければよいのか，それらを把握することによって競争力強化を図るビジネスモデルを構想・検討する方法論がここにありうるのである。

例えば，インテルは，パソコンのハードウエアの要所としてMPUを開発し，これを基幹部品として「準完成品」に仕立て上げたと言える。また，それを組み込んだ「マザーボード」をさらに次の段階の「準完成品」とみなして新興国メーカーにもつくれるようにした。つまり，「相互に関連する準完成品の複合体＝商品」ととらえることが，ビジネスモデルを読み解くあるいは考える際の補助線となりうるのである。

このように「単体→複合体」と複雑性の段階で区分けが可能である。これを進化過程とみなすかについては議論もあろうが，技術の進展と顧客価値の多様化により，製品のとらえ方は「製品単体（あるいは単体の寄せ集め）＝商品」から「相互に関連する準完成品の複合体＝商品」へ変容されつつある。

インテルの MPU とアップルの〈iPod〉の両者は，一見異なるとはいえ，このように「準完成品」として見れば，また別の側面で共通であることが分かる。それは，どちらも自社の製品だけではなく，自社の製品を包み込む「モノとサービスによる商品システム」を想定して，その上で，どこをマネジメントすれば良いのか，そのビジネスモデルを形成している点だ。そのため，1.に述べたように，技術のオープンとクローズの卓抜した組み合わせを基盤としたビジネスモデルと（標準化を含む）知財マネジメントの関係付けによるものである点も，これまた共通である。

このようにビジネスモデル自体が，従来の「単体」から「複合体」へと製品アーキテクチャが進化しているのである。しかし，そればかりではない。次に，単層から複層への進化も，これまた始まっていることにも注目しなくてはならない。

## 5.2. 単層から複層への拡張化：スタンドアローン機器からネットワークト機器へ

単一レイヤー（単層）上での要素技術の「単体から複合体へ」の話は，さらに別のレイヤーと関連づけられるようになってきている（図3の右側を参照）。

インテルの MPU もアップルの〈iPod〉も，実は，同じようにある価値形成システムの一部を担っているだけに過ぎないと見ることができる。単体製品だけでなく，「複合体・複層」の製品サービスシステムを想定した上で，自社製品を「準完成品」として認識し，それを最大限に価値づけた上で，かつ競争力を持ちうるようなビジネスモデルを構築したと理解できるのだ。

インテルの「インサイドモデル」における MPU も「複合体・複層」を視野に入れて事業戦略がなされていると見ることができる。パソコンを含むコンピュータネットワークシステム全体を視野に入れつつ，それを MPU という「基幹部品」の側から従属させるためにビジネスモデルを進展させているのである。つまり，自社の特徴と資源をモノのレイヤー（単層）に集中させ

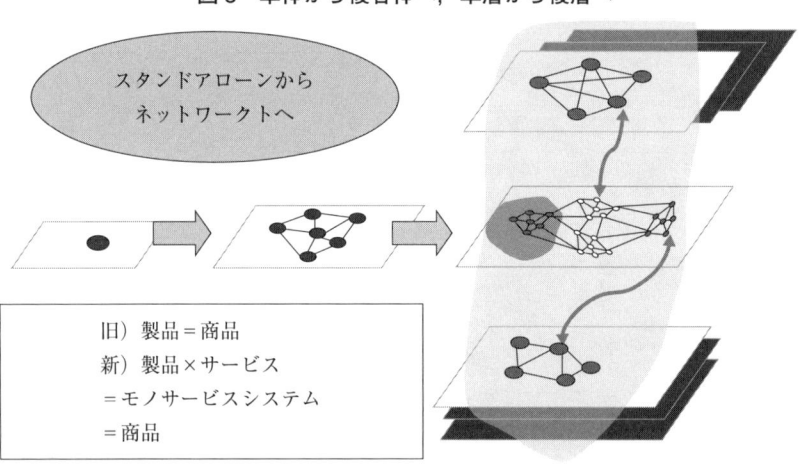

### 図3 単体から複合体へ，単層から複層へ

スタンドアローンから
ネットワークトへ

旧）製品＝商品
新）製品×サービス
　＝モノサービスシステム
　＝商品

Ⓒ Ken SENOH 2009

MPUとマザーボードによる基幹部品化とプラットフォームを形成するビジネスモデルを採択したのである。

　これに対し，アップルの「アウトサイドモデル」においては，モノのレイヤーにおける〈iPod〉等とネットワークのレイヤーにおける〈iTunes Store〉といった複数のレイヤー（複層）にまたがって複数の相互に関連する事業を配置するというビジネスモデルの「陣形」をとっている。前述のとおり，〈iPod〉はそれ自体が複合体化したモノであるが，さらにサービスレイヤーの〈iTunes Store〉につながり，モノとサービスの相乗効果をつくるビジネスモデルとなった。またアプリは，サードパーティが競って作成し，さらに競争力を高めている。つまりアップルは，提供価値全体を念頭に，複合体・複層全体の要所に〈iPod〉〈iPhone〉〈iPad〉と〈iTunes Store〉や〈Macパソコン〉等を配置しているのである。それらをつなぐ肝が〈iTunes〉である。

　このように，アップルはモノとしての製品が該当するレイヤーだけを自分たちの価値創出・提供のドメインとして想定しているのではなく，ネットワ

ークのレイヤーやアプリのレイヤーまでを視野に入れてビジネスモデルを構想していること，すなわち，ビジネスの範囲を単層から複層へと拡張してビジネスモデルを構築していると言える。

　ただし，インテルもアップルも，同様に「複合体・複層」の価値提供のシステムを想定しているとはいえ，どこに自社を位置づけるかの選択は自社の資源や方針に則って行われている。インテルはいかにも部材メーカーらしい選択を行い，アップルはモノにこだわりつつもアップル的次世代の総合的事業モデルを模索する選択を行っているとも言えよう。

　　　（追記）〈iCloud〉の提供は，明らかに複層レイヤーの上位に価値比重を移行させることを意味している。つまり，全体の陣形の中で「本丸」「本城」をモノレイヤーからサービスレイヤーへ移行した，とたとえられるであろう。

　このことを一般化すれば，顧客へ提供する価値形成が，単体・スタンドアローン機器によってなされた時代から複合体・システム機器を経て，さらに別のレイヤーも巻き込んだネットワーク機器とサービスによって「複層的」に融合化される時代へと移行してきたことを意味する。そして今後，情報と関連するすべての機器のビジネスモデルの作り方が単層レイヤー上だけを想定して作成されるのではなく，その上層レイヤーと下層レイヤーとの関係を想定して創られるはずだ，となる。そのとき，従来の平面的な単層上のビジネスモデルでは太刀打ちできない。すなわち従来型の「単体・単層」あるいは「複合体・単層」による事業戦略・ビジネスモデルではなく，「複合体・複層」を視野に入れたビジネスモデルが組み立てられるべきである。立体的なビジネスモデルを組み立てることが今後必須なのである。

## 5. 3. パソコンからサイネージまで：すべてのデバイスはネットワークサービスの端末になる

このような単層から複層への移行は，顧客に価値を提供する商品が「スタンドアローン製品／サービス」から「ネットワークト製品／サービス」（あるいはワイヤード〈Wired〉製品／サービス）へと変化してきたことを意味するだろう。

例えば，筆者はよく社会人や大学院生に「パソコンって何なのさ？」という質問をする。

20年前（1990年代初頭）には，ほとんどの人が「計算機」と答えた。

10年前（2000年代初頭）には，多くの人が「メディア」と答えていた。コミュケーションメディアあるいはマルチメディアということだ。

それから10年後の現在（2010年代初頭）には，「ネットワークサービスのインターフェイス」と答えるべきであろう。

かつてパソコンはそれ自体がスタンドアローン単体で，例えば計算機やワープロとして価値を持っていた。しかし，今のパソコンはネットワークに接続して，そこからもたらされるサービス（メール，ウェブサイト等）を活用するための「ネットワーク端末」あるいは「ネットサービスのインターフェイス」として価値づけられるのである。

多くの若者は，パソコンでTV番組を見始めている。かつて「パソコン，ソフトなければただの箱」と呼ばれたが，現在は「パソコン，ネットなしではただの箱」と呼ばれるだろう。また，TV番組はTVやパソコンだけではなく，ケータイのワンセグでも見られるのだ。さらに，メールにしても，パソコンだけでなく従来型の携帯電話（ガラケー）でも，〈iPhone〉に代表されるスマートフォンでも，やりとりができる。また，携帯型音楽プレイヤーはスマートフォンと区別がつきにくくなっている。すなわち，TVもパソコンもケータイも，今や「ネットワークサービスのインターフェイスデバイス」に過ぎないと言えよう。「テレビを見る」ということは，TV受像器を

見るのではなく，TV番組を観るということに他ならない。我々がテレビを見るというとき，デバイスとコンテンツそしてサービスを一体視しているが，それは若い世代を起点に急速に崩れていくだろう。

また，このことは，パソコン，タブレットPC，スマートフォン，ケータイ，TV，サイネージ，フォトフレーム等々，デジタルデバイスの融合化を意味する。

ちなみに情報社会においては，「情報メディア環境化」（デバイス）と「情報コンテンツ環境化」（コンテンツ）が進展する。前者においてデバイスの中軸をなすのは，マイクロプロセッサーと表示画面である。かつて両者において世界を先導していた日本は，今やどちらもほとんどのシェアを海外メーカーに取られた。また，コンテンツにおいても，クールジャパンは評価されているものの，世界的にはかなりニッチな市場であることは否めない。

## 5.4. 顧客価値形成の複雑化に伴うビジネスモデルの複雑化

さて，上記の複層化の議論から次に分かることがいくつかある。最も重要な点は，"完成品"の部品をすべて自前で整えることが難しい，という点である。

そこで，インサイドモデルでは，自社の製品を基幹部品だけに特化する。例えば，インテルのMPUの場合は，まず隣接・周辺・関連部品が，その基幹部品につながるようにインターフェイスのプロトコールを標準化して公開した。結果，他の部品メーカーはインテル仕様に従う。次に，自社の基幹部品ができるだけ完成品生産を効率化するような工夫を行った。すなわちマザーボードという中間財を作成するノウハウ等の知財を開発し，それを台湾企業に提供し，廉価なマザーボードをつくらせる。結果として，そのマザーボードを購入して組み立てを行うDELL等の製造工程を極端に合理化したメーカーあるいはファブレスメーカーがさらに勝手にパソコンを普及してくれる。そして市場は広がり，多くの収益がインテルに入る"からくり"となった。

アウトサイドモデルでは、例えばアップルの〈iPod〉の場合、完成品コンセプトと仕様に従って部品を調達、それを組み立てさせた。またサードパーティを使い、アプリを充実させていく。ただし、アウトサイド全体で見れば、ここで、〈iPod〉等も実は「完成品」ではなく、これらもまた商品システム内での基幹部品と言って良いだろう。

こう見てくると、ビジネスモデルを検討する際には、基幹部品であれ、完成品であれ、どちらにせよ「準完成品」としてみなし、その上で、どうやって他とつなげつつ、全体の複合体・複層の全体の価値形成をイメージするか、そして、そのどこに価値を寄せ、どこを自社で押さえるべきか、それを問うことが重要なことに気づくだろう。インテルMPUのように、同一レイヤーにおける部品間（正確には準完成品間）の、あるいは〈iPod〉のように、上下のレイヤーとの間で、それぞれどのようなインターオペラビリティ（相互接続性）をどう構築するのかが問われる。つまり、同一レイヤー上の仕掛けとレイヤー間の仕掛けを「準完成品」「複合体・複層」というコンセプトで検討することが、極めて重要になるのである。

このことはまた、顧客に提供する価値の統合化が行われる一方で、商品システムがモノとサービスの複層でなされるという複雑化を反映していることを意味する。価値提供システムが従来分離していたコンポーネントを統合することによって構成されるようになれば、それに先導するように、あるいはそれに応えるようにビジネスモデルがさらに複雑になる。価値提供が製品単体からシステムへ、システムから複合システムへ、さらに単層から複層へ……[25]。そしてその中で、自社事業を最も有利な位置で展開するようにビジネスモデルを形成しなければならない。すなわち、いったん全体の価値形成とその中におけるあらゆるビジネスモデルを想定した上で、自社の価値提供領域（ドメイン）をどこに形成するかを検討すべきなのである。

前述のように、アップルはそれを全体にわたって拠点をつくりつつ、自社で外側からすべてを押さえようとした。インテルはその逆で、すべてを考慮した上で、自社が最も強い部材を基幹部品化して、それを通じて上位層も下

位層もすべて従属させるという方法をとった。IBMは，たとえ部品が標準品であっても，それらを顧客に合わせて組み合わせ・カスタマイズして顧客価値を最大にできる知恵・ノウハウに付加価値を引き寄せソリューションビジネスモデルを形成した[26]。

ただし，いずれのモデルにおいても，インターフェイスやプロトコールを標準化し，他と「つながる」「自らの土俵に引き寄せる」ことを誘導する知財マネジメントが極めて重要となる。今や，単に独占的排他権として特許を取得するという古典的な知財マネジメントはあまりにも素朴に見える。そこで知財マネジメントの意味や役割を変容がなされるべきであり，すなわち知財マネジメント自体のイノベーションが必要なのである。

以上のことを整理すると，次のようになる。

次世代のビジネスモデルにおいては，商品そのものが従来の「製品＝商品」「サービス＝商品」という「単体」概念では立ちゆかなくなってきた。従来の単層上における「単体」製品の「既存モデル錬磨：改善インプルーブメントモデル」を超える試みが進展している。繰り返しになるが，1つ目は，「複合化」（システム化）であり，2つ目は他のレイヤー（特にネットワーク等のサービスレイヤー）との連動による「複層化」である。すなわち，スタンドアローン（単体製品）内の既存モデル錬磨モデルから，新しく画期的なネットワークト（ネットワーク商品＝モノ×サービス）へと価値形成が拡充してきたのである。

この背景には，ネットワーク社会が顧客価値のあり方を大きく変えている点があるだろう。スタンドアローン型製品だけでの価値形成は限界を示し，サービスとの相乗的価値提供へと変容を促しているのだ。モノとサービスは従来無関係だったが，現在は両者の関係が「代替・補完・相乗」といった複数の関係性でとらえられ，結果として従来の製品単体だけでは得られなかった価値を形成することが可能になってきた。このとき，「準完成品」概念を起点とした「商品システム」の俯瞰的認識が極めて重要になったのである。

## 5.5. 古典的ビジネスモデルの変容

こういった複合体・複層のビジネスの出現は，エレクトロニクス製品に限った話ではなくなりつつある。実は，従来の古典的な基本モデルであった医薬品や機能性素材についても，近年は，物質単体そのものを売るだけではなく，他との組み合わせによってビジネスを展開する例が出始めている。

例えば，最近の好例は，DVDメディアの機能性素材における三菱化学（当時）の事例である。同社はDVDメディアに使う高機能材料を国際標準に組み入れることに成功した。その国際標準を採用すれば基本的にメディアの製造にはその高機能材料を使用することになる。次いで，三菱化学は2つの手を打った。

1つ目は，この材料を使ってDVDメディアを製造するノウハウを台湾のメーカー等に提供したのである。結果，DVDメディアは廉価になって市場は拡大した。これは，MPUを組み込んだマザーボードを台湾メーカーに生産させたインテルインサイドモデルと同様の戦略である。すなわち，「レシピ付き部材販売」を通じて中間材を形成させて完成品市場を拡大，自社製品の普及を加速化させたわけである。

2つ目は，さらに子会社・三菱化学メディアから高級DVDメディアを生産販売，市場にブランド品として認知させた。廉価品普及で市場を開拓する一方で，プレミアム品で高付加価値市場も形成したのである。

つまり，標準化に組み入れつつ（技術開発フェイズのオープン），製造ノウハウを提供する（普及フェイズのオープン）という二重のオープン戦略を組み込んだのである。

他方，医薬品産業では，薬理効果を持つ化学物質が最も重要であり，単体を扱う古典モデルの典型と言われてきた。しかし，実際には「ドラッグデリバリーシステム（DDS）」など，周辺技術の開発を折り込んだ医薬品の開発が進められている。例えば，その物質が体内にピンポイントで置かれたとしてもそれだけでは何も起こらないが，外部から放射線を照射することで効能

が発現するといったものである。これは「必要な薬を，必要な時間に，必要な部位に，必要な量を，必要なだけ作用させるための仕組み」であり，概念としては1980年代から提唱されているという[27]。別の言い方をすれば，従来医薬品と呼んでいた「薬理活性を持つ物質」だけでなく，その「薬物をより効能があがるように制御する仕掛け」が付け加わったと見ることができよう。将来はこれらの技術がさらに発展し，複合体化した医薬品が上市される可能性は十分ありうる。このように考えれば，医薬品でもシステム論的観点からビジネスモデルを検討することが重要になるだろう。ベンチャー企業や医療機器関連企業なども研究開発を急速に拡大しており，DDS技術自体も多様化していると聞く。今後，医工連携，薬工連携等が進めばビジネスモデル自体も多様化していくだろう。

さらに，創薬がDDS（ドラッグデリバリーシステム）に動く一方で，薬剤溶出ステントのような医療デバイスと医薬品の相乗的価値形成が進展するだろう。

このように従来の古典的ビジネスモデルの典型であった分野についても，「単体から複合体へ」「単層から複層へ」が進展している。今後は，技術・製品・サービス等の各要素内・間の新たな関係を探索し，それを新たな価値システムとして商品モデル全体として把握するシステム論アプローチによって，新しいビジネスモデルの構築を検討することが大きなテーマになっていくだろう[28]。

そして，これらのビジネスモデルの進展はいくつもの含意を持つ。

第一に，競争力の源泉が，従来のような既存モデルの磨き上げ（インプルーブメント：モデル錬磨）から，既存モデルを置き替え，社会に新価値をもたらす新規モデルの創出・普及・定着（イノベーション：モデル創新）へと変容したことを意味する。すなわち「プロイノベーション時代」の到来である。競争力の源泉がイノベーションになったことは，「改善」の積み重ねによる競争力で勝ってきた日本の製造業のあり方を変える。例えば，特に「改善」の代名詞である自動車産業において，百年以上続いていたガソリンエン

ジン車（擦り合わせ型）が電気自動車（組み合わせ型）という新たなモデルに創新されることによって，その競争力の根幹が問われている。技術力があれば勝てる「インベンション＝イノベーション」時代は去った。我々は「イノベーション＝技術革新」という"誤訳"からもう卒業すべきである。

　第二は，問題解決か，問題解消か，の違いである。通常は，デフュージョン（加速的市場形成）を行う以前に，「死の谷（研究開発と事業化の間にあるギャップ）」を超えなければならない，と言われる。日本では，この「死の谷」を前提にして，それを埋める「問題解決」をしようとする。しかし，インテルやアップル等の勝ち組企業はそもそも「死の谷」をつくらないビジネスモデルを開発していることに気づくべきだ。すなわち勝ち組は，問題解決ではなく「問題解消」を志向しているのである。

　第三に，こうしたビジネスモデル刷新の動きは，エレクトロニクス産業のみならず，それを参考にして，多くの他産業分野でも始まっている。

　例えば，機械産業は「ロボット産業」として戦略を組み直しが必須だろう。機械類は，基本的に「駆動系アクチュエーター，頭脳系コンピュータ，感覚系センサー」が三位一体になる「ロボット」に移行し，そのロボットを制御する基盤ソフトが価値形成の核心となる。それを完成品側に置くか，基幹部品ユニット側に置くか。例えば，電気自動車が「運搬特化車両型ロボット」になるとすれば，トヨタの「アウトサイド」が勝つのか，あるいはボッシュやNTNの「インサイド」が成立しうるのか，完成品側と基幹部品側のせめぎ合いは激烈になるだろう[29]。

　日本が技術先行したIPS細胞は，現在，半導体の揺籃期と同様の産業状況だ。これがDRAMメモリー（新興国でも簡単につくれる汎用部品）のようになるのか，あるいはMPU（高度な技術集積による中核基幹部品）のようになるのか。産業戦略的構想が勝負を決めるだろう。

　そして，なんと「安全，安価，美味」が基本であった食品業界でもビジネスモデル変革の波が押し寄せている。例えばネスプレッソは，シェーバーと同じ本体×消耗品モデルである点に注目されたい。また，環境負荷低減から

言えば，自動販売機やPETボトルの次のビジネス探索は加速化するだろう。

機能性素材もシステム的な価値形成を軸とするビジネスモデルが加速化する一方で，バイオミメティクスのような自己組織的生産方式の革命が進展するはずだ。

重要なポイントはモノとサービスの相乗的価値形成だ。こうしたモノとサービスを連携したビジネスモデルはさまざまな分野に浸透し始めている。例えば，コマツはブルドーザー等の建設機器をネットワークで結んでその位置や稼働状況を遠隔地から管理する「COMTRAX」というサービスを導入して成功している。部品は部品だけ，製品は製品だけではなく，ネットワークを介したサービスと連携することで価値を形成するという時代になっている。

これらのように，今や，ほとんどの分野でビジネスモデルの変容と多様化が進みつつある。詳しく述べる紙面はないが，その多くは，従来のように同業者同士が同じ土俵で従来製品の改良に切磋琢磨するのではなく，異業種同士が異なるレイヤーに新たな価値形成を求めて競争し合う点に注目したい。価値形成の抜本的な再編成が始まっているのである。

## 5.6. ビジネスモデルの複雑化に伴う知財マネジメントの複雑化

従来の「良い技術，良い製品，良い営業」によって，商品を市場に押し込む古典的なビジネスモデルは僅かな領域に縮小を余儀なくされている。そうだとすると，従来のビジネスモデルを前提にした（古典的な）知財マネジメントで新しいビジネスモデル群に対応できるだろうか。

特許はある技術を発明として保護権利化する。要素技術単体で製品を構成できる場合，あるいは，物質自体が特許の対象となるような場合は，一製品一特許あるいは少数特許となる。代替技術でまかなうのは難しいから，特許は極めて重要な技術保護の役目を担うことになる。その代表例は医薬品であった。一特許一製品（薬）もありうる。新しい素材を発明・発見し，それを

基本特許にすれば，それだけで製品の競争力のほとんどが決まる。多くの場合，その特許は自社技術の保護のみに使われ，他社へのライセンスはまずありえない。つまり，このような「一製品少数特許」でビジネスが成り立つ製品は，古典的な知財マネジメント，すなわち確実に特許で技術を保護することが第一義となる[30]。

　他方，「一製品多数特許」の代表であるIT製品，情報家電等のエレクトロニクス製品では，1つの製品に数百から数万の特許が関係する場合も少なくない。例えば，普通の携帯電話機でも1万を超える特許，意匠権，商標権等の知財権によって構成されている。まさに"知財権の塊"である。知財権利者は多数いるばかりか，権利関係が複雑化しているのが実状だ。そこで「要素技術の基盤化」が欠かせない。1つの企業がすべての技術をまかなうことは事実上不可能であり，関連する特許群を独占しえないからである。したがって，多くの企業の技術を束ねて基盤技術化し，その上で利用し合う枠組みがないと，どの企業でも事業が成り立たない。そこで，クロスライセンスやパテントプール等の手法を使いながら同業他社との協業によって必要技術を確保する。その上で独自の製品戦略を練るわけである。

　この基盤を構成するためには，「相互接続性の確保」と「技術の標準化」が重要となる。例えば，どの照明器具にでも電球の口が合わないと困るように，どのメーカーのパソコンでもどのメーカーのプリンターと結びつかなければ普及は難しい。すなわち技術規格を共通させる標準化が極めて意味を持つ分野である。したがって，この分野では「競争と協調のバランス」が重要になるとも言えるだろう。

　このように，製品・サービスの特徴（製品アーキテクチャ）と知財マネジメントの関係は，従来，「一製品少数特許」か，「一製品多数特許」か，という特許件数の多寡によって語られてきた。特許数がいかに知財マネジメントを異なるものにするかという観点である。

　しかし本論での話は，単層・単体から複合体への進化，また複層化の話であった。特許数の多寡で知財マネジメントの分類を行うのは，この単層上の

場合に効果的であったが，他方，複層にまたがるビジネスの場合は，一製品少数特許，単体・単層の古典的知財マネジメントでも，一製品多数特許，複合体・複層での新古典派の知財マネジメントでも，やってはいけないだろう。

つまり，複雑なビジネスモデルを前提にすれば，これまでのような特許数の多寡による知財マネジメントではなく，新しいビジネスモデルを可能ならしめる（標準を含めた）知財マネジメントが問われるようになってくるのである。競争力から見れば「攻撃的守備のプロパテント時代」の知財マネジメントではなく，「事業創出に大きく関わるイノベーション促進型の知財マネジメント」への変容が促されるようになるだろう。

第一，従来の「古典的知財マネジメントモデル」，すなわち特許によって独占的排他権を強調するプロパテント（だけ）ではもう立ちゆかなくなる場面が急増するであろう。いわゆる「特許原理主義」による，独占的排他の原理が最も有効なのは，先程見たように古典的な医薬品や機能性材料の世界であった。しかし，それも変わりつつある。もちろん，特許による保護は重要であるが，しかし同時に，標準等への埋め込みや，公開による他社使用の促進等もこれまた大きな知財マネジメントになることは間違いない。また筆者が知財ミックスと呼ぶ「権利化と秘匿の組み合わせ」や，知財権ミックス（特許，意匠権，商標権等の組み合わせによる"合わせ技"）[31]の使い方もこれまた重要になる。特に，権利化しない知財の使い方といった逆説的な知財マネジメントも重要なカード群に加わるであろう。すなわち強い特許だけではなく，賢い特許等の使い方という「知を使う知」という上位レイヤー，あるいはメタレベルの知が求められるのである。

第二，商品アーキテクチャの設計が競争力強化のために，「内ブラックボックス，外スタンダード」「内クローズ，外オープン」「内インテグラル，外モジュラー」等を駆使することになるとき，新しい知財マネジメントも「オープン」と「クローズ」の使い分けを軸にすることになろう。また，従来の単層レイヤーにおけるオープン，クローズだけでなく，上位や下位のレイヤ

ーへのオープン，クローズ，あるいはそれら別レイヤーにおけるオープン，クローズ等を複雑に検討する必要がある。

　このように，ビジネスモデル自体が大きく変容・多様化するビジネスモデル開発競争の時代，またプロパテントからプロイノベーションの時代に移行したとき，ビジネスモデルと知財マネジメントの間には従来の単純な関係ではなく，相互に依存的な関係が生じていると言える。そして何より，知財マネジメントが従来の単層レイヤーを想定したままでは立ちいかなくなることは必定である。知財マネジメントは，明らかに従来型とは異なる知財マネジメントを要求するだろう。すなわち，我々は，知財マネジメントのイノベーションを行う入り口に立っているのであり，今後，多様なビジネスモデルに合わせてそれぞれに合った知財マネジメントを具体的に考察していかなければならない。ビジネスモデル開発競争が進む現在，これらに対応した知財マネジメントのあり方の整備を加速する必要がある。

## 5.7. サービスを活かす知，外部の力を活かす知

　とまれ，ここで問いたいことは，なぜ日本企業は，このような〈iPod〉や〈iPad〉的な，サービスとの相乗的な価値形成を創出できなかったか，である。日本企業はデジタル技術やネットワークサービスを持っていなかったのだろうか？　そうではない。日本企業群は多くの優れたデジタル技術を持っていたではないか。多くのITC企業はネットワークサービス事業を営んでいたではないか。それにもかかわらず，なぜ日本企業は，〈iPod〉等（あるいは「〈iPod〉に代表される製品・サービスシステム」）を提案できなかったのだろうか。このことを真摯に反省しなくてはならないのではないか。

　また，前述のように，アップルは，多くのサードパーティに〈iPod〉等のアプリ開発キットを格安で提供して，今やそれぞれ世界で10万種類を超えるアプリを誇るようになった。すなわち，外部を「与力」として引き寄せるモデルを確立させたのである。なぜ日本企業は，外部のサードパーティを与力として迎え入れる胸襟を開けなかったのか。最近の流行語である「オープ

ンイノベーション」は，よく「脱・自前主義」として語られるが，実は，オープンにしなければならないのは，機器のインベンションの段階というより，むしろ，こういったデフュージョンの段階ではないだろうか。すなわち「脱・抱え込み主義」としての「オープンデフュージョン」なのではないか[32]。それによって，市場普及は急速に立ち上がるのである。開発したものを自社で抱え込んだままの普及（クローズドデフュージョン）によって失敗することを避けるためにも，「脱・抱え込み主義」が必要な時代なのである。

こういった「知を使う知」としての「外部の知を活かす知」を開発できなければ，まだまだ日本の企業群は米国を中心とした「勝ち組」に後塵を拝することになるだろう。

## 6. むすび：知的資産経営への知見

以上のように，〈iPod〉を巡るビジネスモデルを検討してきた。その結果，どのような知見を得たのだろうか。

第一に，今や事業競争力は技術だけでは十分とは言えず，商品アーキテクチャビジネスモデルやそれを可能ならしめる（標準化を含む）知財マネジメントにも大きく依存する時代になったことが分かった。「良い技術を開発，良い製品に実装，既存モデルの改善によるコストと品質の達成，切磋琢磨で強い商品力，その商品を根性ある営業が輸出していく」という輸出型モデルを前提にした事業戦略では，〈iPod〉のようなビジネスモデルに太刀打ちできない[33]。またこのことは，「技術競争力＝製品競争力＝事業競争力」という図式が崩壊し始めていることを意味している。

第二に，ビジネスモデルの開発が競争力において重要になったことは，技術力を単純に事業化する古典モデルではなく，「技術という知を活かす知」の開発競争の時代に入ったことを意味する。その際重要なことは，できる限り，価値形成の根底から問い直すこと，である。どういった総合的な価値を

形成し，顧客へ提供していくのか。その価値システムの中で，どのような製品サービスを想定するのか，そのシステムバウンダリー（境界線）を見定めることから，ビジネスモデルの考察に入らなければならない。この方法論を意識的に行うことが必要だということである[34]。そして，製品コンセプトとビジネスモデルの関係を俯瞰的，かつ根源的に問い直し，そこから見えてくるものをもう一回整理し直すべきであろう。技術という知について優位性を検討するだけではなく，その技術という「知を活かす知」や，自社のみならず「外部の知を活かす知」というものについて検討を行うことが，何より肝要なのである。

　第三に，ビジネスモデル自体が大きく変容するならば，それに対応した「知を活かす知」としての知財マネジメントが求められる。すなわち，知財マネジメントのモデル自体も「モデル錬磨」から「モデル創新」へと移行しなければならない。すなわち，知財マネジメントイノベーションである。技術やブランドという知が知的財産であることは従来どおりだが，それを活かすビジネスモデルというメタレベルの知そのものも，これまた大きな知的財産となりつつある。もちろんこれらは権利化できる類の知とは言い難いが，技術戦略に知恵を使うように，これらメタレベルの知を駆使しないとやっていけない時代に突入したと言えることは間違いない。

　すなわち我々は「ものづくり」や「匠の技」を最大限に活かせるようなビジネスモデル商品やアーキテクチャを構築するための知を開発すべきなのである。このことは，製造業が従来の「業種」の枠の中で競争するだけではなく，「商品形態」と共に「事業業態」についても新たな開発を進めつつ競争しなければならないことを意味する。

　「ものづくり」の力を活かすことは「ものづくり」だけに固執することではない。「ものづくり」の力は「ものづくりを活かす知」によってこそ，その価値が決まる時代なのだ。このパラドクスを理解するところから，日本の産業の再生が始まるのではないか。つまり「技術という知を活かす知の開発競争」である。この中で生まれる知こそが「知的資産」として事業競争力を

## 第4章　単体・単層から複合体・複層へ

決めていく時代なのである。

　以上のように，これらが次世代の「知的資産経営」の要諦なのである。

注
(1) 妹尾堅一郎「ビジネスモデルと知財マネジメント：その関係パターンを考察する」，日本知財学会第7回年次学術研究発表会，日本知財学会，2009年。妹尾堅一郎「脱「本体＋メインテナンス型」ビジネスモデル—ビジネスモデルと知財マネジメントの対応パターンを検討する」，日本知財学会第8回年次学術研究発表会，日本知財学会，2010年，等を基に修正。
(2) 筆者が「アップルのアウトサイドモデル」を名付けたとき，「完成品主導型」としたが，これはいささか誤解を招いたようである。この名称はモノとしての完成品を意味したのではなく，モノとサービスの相乗的価値形成全体を「完成品」としてイメージすることの斬新さを強調しようとしたのである。この点については，後に詳細を議論する。
(3) 妹尾堅一郎「ジェネレーションギャップの構造：新しい年齢差・世代差・地域差のコンセプトを求めて」，1988年第9回各務記念財団優秀賞受賞，1989年度各務賞論文集，pp.111-153，有斐閣。
(4) 本項と次項は，妹尾堅一郎・関口智嗣『グリッド時代—技術が起こすサービス革新』アスキー，2006年の一部を大幅に加筆修正したものである。
(5) 〈iTunes〉は〈iPod〉発売以前の2001年に発表されたMac専用の音楽管理ソフトウエア。
(6) この点については，既に妹尾堅一郎・関口智嗣『グリッド時代—技術が起こすサービス革新』アスキー，2006年で論じている。
(7) アップルの公式発表では，2011年度第3四半期に過去最高の売上高285億7,000万ドルを達成。純利益も過去最高の73億1,000万ドルを記録した。
(8) こう考えてくると，そこでは〈iPad〉と〈Kindle〉を同列に論じることはできなくなる。〈iPad〉の狙うビジネスと，アマゾンという流通サービスが〈Kindle〉を使って行おうとしているビジネスは明らかに異なるレイヤーである。両方のレイヤー間のせめぎ合いと見るべきである。
(9) サービスレイヤーの側，特にコンテンツサイドの先には，メディアにコンテンツを載せるための「コンテンツフォーマット」があり，その先に「コンテンツ」があり，そ

の先には「コンテンツリソース」の世界がそれぞれ広がる。これらは、手前側にストレージとメディアとプレイヤーが並んでいるのと対比できるだろう。コンテンツとコンテンツリソースの間に線を引くのか、コンテンツとフォーマットの間に線を引くのか、あるいは全然違う線の引き方をするのか。どこに線を引いて価値形成領域を決めるか。あるいは逆に、どれとどれを統合あるいは融合することが可能か。これらの間でのせめぎ合いも始まっている。

(10) 筆者は、〈iPod〉発売当初から、この点を「モノの所有とサービスの使用」の関係の変容として画期的なビジネスモデルであるととらえ、指摘をしてきた。例えば、妹尾堅一郎・関口智嗣『グリッド時代』アスキー、2006年。

(11) コンテンツと連動する機器において、コンテンツがデジタル化する時代には、ネットワークとの連動が先導的になったことは当然であった。一方、例えば重機類においてもネットワークとつなげるときに（例えばCOMTRAX）、それは補完的とはいえ大きな価値形成の変容を促進する。これについては別途議論をしたい。

(12) 本項の後半〈iPad〉については、妹尾堅一郎「〈iPod〉に見る「垂直統合的価値形成」―メディアの変遷から学ぶ新しいビジネスモデルの方向性②」『CIAJジャーナル』連載「技術を使うビジネス知の時代」第5回、CIAJ、2010年8月号で既に指摘したことを加筆修正したものである。

(13) 筆者は、慶應義塾大学の湘南藤沢キャンパス（SFC）で教鞭をとっていた1990年代末期に、NTTや大日本印刷と共に、これに似た試みをしたことがある（COINプロジェクト）。講義で使うパワーポイントを埋め込んだ"左右の頁が見開きになっているブックメタファー"のブラウザー・フォーマットのファイルを、受講生に授業前にダウンロードしてもらう。左頁はパワーポイント画面、右頁は白地空白である。受講生は、筆者の講義を聴きながら、そこへメモやノートをとっていく（タイプして書き込んでいく）。つまり教員のハンドアウトにノートを書き込んで、それを「マイノート」として保管・活用していくようにするものであった。このときには、そのファイル自体を自分のパソコンに取り込まなければならなかった。しかし、現在では、それをクラウドの側に置くことが可能である。

(14) デジタルメディアのコピーを何回まで規制すべきという議論があったが、実はクラウド側のストレージに一回コピーしてしまえば、マイブックにせよマイシネマにせよ、どこからでも何度でも引き出すことができるだろう。

第 4 章　単体・単層から複合体・複層へ　139

(15) 本節は，筆者が執筆や監修・執筆した次の書籍等の一部を基に大幅な加筆・修正を加えたものである。妹尾堅一郎『技術力で勝る日本が，なぜ事業で負けるのか』ダイヤモンド社，2009 年。経済産業省・特許庁『事業戦略と知的財産マネジメント』発明協会，2010 年。
(16) iTunes Music Store　2003 年 4 月 28 日，5 大レコード会社から集めた 20 万曲や 20 人を超えるアーティストと独占契約を行い，楽曲を提供すると発表。なお同サービスは，現在，動画コンテンツの配信と共に，〈iTunes Store〉の下位サービスになっている。
(17) ただし，この開発キットの提供は，巧みな契約によって，いわば「鵜飼い」の状態を創っている点に注意が必要である。サードパーティは格安の価格（12,000 円程度）で開発キットを使用できるが，その開発後のアプリの流通等については，極めて厳格なアップル社のコントロール下に置かれる。
(18) 従来，アプリケーションソフトウエア開発やゲーム開発等は大手企業に限られていたが，〈Mac Developer Program〉を開始してからは，法人・個人を問わなくなり，その参加者は 2009 年現在 5 万を超えると言われている。
(19) 我々は，アップルの創業者兼 CEO であるスティーブ・ジョブズがデザイナー出身であることについて，もっと注意を払うべきではないか。
(20) 米国で電子機器の分解調査を手掛ける Portelligent 社等が行っている〈iPod〉の分解調査による。
(21) 本節は，妹尾堅一郎「単体・単層から複合体・複層へ―"準完成品"概念によるビジネスモデル進化の探索」，第 24 回年次学術大会，研究・技術計画学会，2009 年を基に加筆修正したものである。
(22) その典型である医薬品や機能性材料の共通点は，現在，新しい効能のある材料の発見あるいは組成は極めて難しく，コストがかかるものになっている点である。他方，両者の相違点は，そのプロセスの違いにある。医薬品が特定の疾病等を前提対象にして，それに効く物質を探索するのに対し，機能性材料は往々にして発見ないし形成した材料を前提に広く用途開発を行っていく点である。
(23) P. B. Checkland,『新しいシステム・アプローチ』，高原・中野他訳，オーム社，1985 年。
(24) ここでシステムとは「相互に関係する要素の集合体」を意味する抽象概念として使

用しており，リアルな世界における実体を指しているわけではない。
(25) その裏にはハードウエア→ソフトウエア→サービスといった一連の価値移行もあるだろう。
(26) これらだけではない，まだまだ多様なビジネスモデルがあるが，それらについては別の機会にご紹介をしたい。
(27) 必要な部位に必要な薬物量を必要時間だけ作用させるような最適化を目的に設計させた投与システム。代表的なDDSとして，薬物の剤形からの放出を制御することで適切な薬物濃度が保たれるように設計された徐放性製剤や，副作用の軽減や吸収改善などを目的として，薬物の構造を変え，体内で薬物に変換されるようにしたプロドラッグなどがある（社団法人日本薬学会「薬学用語解説」）（2009年1月16日改訂）。
(28) このとき，対象疾病の市場規模や薬事制度（治験・薬価）などの制度上の問題をクリアしなければならない点は言うまでもない。
(29) 妹尾堅一郎「ロボット機械としての電気自動車―機械世代論から見た次世代自動車の価値形成」本書第5章，2011年。
(30) もちろん例外もある。例えば，国内市場しか販路を持っていない点眼薬のメーカーは，海外市場の販路しかない海外の胃腸薬メーカーとクロスライセンスを交わすことがある。それによって，点眼薬メーカーは胃腸薬を手に入れられるし，相手先の外国企業は，その国で胃腸薬に加えて点眼薬を商品ラインアップに加えられるからである。
(31) 妹尾堅一郎・生越由美『社会と知的財産』放送大学，2008年。
(32) 最近日本で盛んになってきたオープンイノベーションとは限定領域におけるコラボレイティブ・インベンション（協同的技術開発）を行うことであると解釈すべきではないか。
(33) ここで「輸出」と書いたのは概念としてであり，たとえそれを現地生産したとしてもモデルとしては同一であることに注意をされたい。ノックダウン生産等はフルセット・フルライン的な垂直統合型，自前主義・抱え込み主義に基づくモデルであることに変わりがないからである。
(34) 実践的な経験から言えば，ソフト・システムズ方法論（SSM）が極めて有効であると考えられる。P. B. Checkland, & J. Scholes,『ソフトシステムズ方法論』，妹尾堅一郎監訳，有斐閣，1994年。この方法論については，その一部を本シリーズの別論考にて紹介している。

妹尾堅一郎「事業起点型イノベーション人財の育成―事業戦略・ビジネスモデルと知財マネジメントを連動させる「事業軍師」の育成」，本シリーズ第3巻『イノベーションシステムとしての大学と人材』第4章，白桃書房，2011年。

参考文献

P. B. Checkland,『新しいシステム・アプローチ』，高原・中野他訳，オーム社，1985年。

P. B. Checkland, & J. Scholes,『ソフトシステムズ方法論』，妹尾堅一郎監訳，有斐閣，1994年。

小川紘一『国際標準化と事業戦略』白桃書房，2009年。

小川延浩・沙魚川久史・妹尾堅一郎「モノ機器による新規サービスへの協働的ビジネスモデル」2F7，日本知財学会第9回年次学術研究発表会，2010. 6. 26，日本知財学会＠専修大学。

沙魚川久史・小川延浩・妹尾堅一郎「新規サービスビジネスにおけるデバイス機器との協働的価値形成」2F8，日本知財学会第9回年次学術研究発表会，2010. 6. 26，日本知財学会＠専修大学。

経済産業省・特許庁『事業戦略と知的財産マネジメント』発明協会，2010年。

妹尾堅一郎「技術を使うビジネス知の時代」連載第1回～第6回，『CIAJ ジャーナル』，CIAJ，2010年2月号～8月号。

妹尾堅一郎『技術力で勝る日本が，なぜ事業で負けるのか』ダイヤモンド社，2009年。

妹尾堅一郎「単体・単層から複合体・複層へ―"準完成品"概念によるビジネスモデル進化の探索」，第24回年次学術大会，研究・技術計画学会，2009年。

妹尾堅一郎・生越由美『社会と知的財産』放送大学，2008年。

妹尾堅一郎・関口智嗣『グリッド時代―技術が起こすサービス革新』アスキー，2006年。

妹尾堅一郎「ロボット機械としての電気自動車―機械世代論から見た次世代自動車の価値形成」本書第5章，白桃書房，2011年。

妹尾堅一郎「事業起点型イノベーション人財の育成―事業戦略・ビジネスモデルと知財マネジメントを連動させる「事業軍師」の育成」，本シリーズ第3巻『イノベーションシステムとしての大学と人材』第4章，白桃書房，2011年。

妹尾堅一郎「脱「本体＋メインテナンス型」ビジネスモデル―ビジネスモデルと知財マネジメントの対応パターンを検討する」，日本知財学会第8回年次学術研究発表会，日本知財学会，2010年。

妹尾堅一郎「知財マネジメントイノベーションに対応した人財について―事業戦略・ビジネスモデルと知財マネシメントを連動させる「軍師」の育成」，日本知財学会第8回年次学術研究発表会，日本知財学会，2010年。

妹尾堅一郎「ビジネスモデルと知財マネジメント：その関係パターンを考察する」，日本知財学会第7回年次学術研究発表会，日本知財学会，2009年。

妹尾堅一郎「ジェネレーションギャップの構造：新しい年齢差・世代差・地域差のコンセプトを求めて」，1988年第9回各務記念財団優秀賞受賞，1989年度各務賞論文集，pp.111-153，有斐閣，1989年。

# 第5章

# ロボット機械としての電気自動車
―機械世代論から見た次世代自動車の価値形成―

妹尾 堅一郎

　事業競争力の観点から次世代自動車のビジネスモデルについて検討をしていくと，いくつものイシュー（論点）があることに気がつく。単にガソリンが電気に取って替わり，エンジンとガソリンがモーターと蓄電池に交替するだけではない。さらに，その全体の動向を俯瞰すれば，次世代の機器類が一斉に「ロボット化」することに気づく。極論すれば，全ての機械製品はロボット化するといえるかもしれない。本論では，「機械世代論」から見た次世代自動車の価値形成を俯瞰的に検討し，ロボットとしての電気自動車について啓発的概論として考察する[1]。

## 1．延命策としてのハイブリッド車

　電気自動車では，通常，ガソリンエンジンが電動モーターに置き換わり，それを動かすエネルギーがガソリンから電気バッテリーに取り替わるとされる。その中間に，ハイブリッド車がある。ハイブリッド車は，いわば「ミニ火力発電所」を搭載したものだ。つまり，電力を自分で生み，それを動力源として走る車である。
　現在ハイブリッド車が話題だが，それは単なる延命策でしかないだろう。実は，今までも多くの分野におけるアナログからデジタルへの転換期におい

ては，ハイブリッド延命策が試されたが，デジタル化の大きな流れを止めることはできなかったのだ。例えばオーディオの世界では，アナログの磁気カセットテープがデジタルなCDに移行する段階でDAT（Digital Audio Tape）が出てきたが，今は特殊用途以外にはほとんど見られなくなった。あるいは写真では，銀塩フィルムからデジタルカメラに移行する時には，APS（Advanced Photo System）が登場した。小さなパトローネに銀塩フィルムを入れ，撮影設定や日付等のデジタル情報を磁気コーティングに付加する仕組みだ。今や思い出す人も僅かである。

　つまり，アナログからデジタルへ向かうハイブリッドは延命策とならざるを得ない。理由は，ハイブリッドを追求すると必然的にデジタル技術を引き寄せてしまうからである。カメラメーカーやフィルムメーカーはAPSを進めながら，デジタルの大きな可能性に気づいたので，実際はデジタルカメラの研究に精を出したのである。自動車もしかり。ハイブリッド車のためにモーター技術を開発すればするほど，モーターの性能は上がり電気自動車を引き寄せてしまう。

　確かに，日本の自動車完成品メーカーは，その高度な擦り合わせ技術によって世界に冠たる地位を築いた。ハイブリッド車でもその地位を継続できるだろう。しかし，世界の趨勢は，もっと簡単に創れる電気自動車に一気に移行を始めている。

　新興国の自動車販売の勢いは大方の予測をはるかに上回る。例えば，中国の自動車販売台数は既に米国のそれを抜いている。「スモールハンドレッド」と呼ばれる中小メーカーが数百社も立ち上がり，その多くは電気自動車を製造・販売し始めていると聞く。電気自動車はガソリン車に比べて安価かつ簡単に生産できるからである。また，その多くは改造電気自動車である。既存のガソリン車の車体を使い，エンジンを電気モーターに替える…，後述するように「モジュラー化」が進展して，部品数は約1/3以下で済む。4～5人乗りにする必要もなく，軽自動車をさらに小さくした2人乗りでも構わない。

また，ガソリンスタンドが整備されていない発展途上国の山奥や地方であったとしても，電気が通っていないところは珍しくなった。電気自動車であれば，それなりの使用が可能なのだ。つまり数億人を対象としたG7の先進国経済から30数億人を対象としたG20の先進国＋新興国経済への移行の中で，電気自動車の意味は大きく変わろうとしているのである。

　これらの自動車や電気自動車を「チャッちぃ」と見る人も少なくないようだ。だが，電気自動車を「先進国の中産階級」の感覚で見ているだけで良いのだろうか。著者は『三丁目の夕日』の世代である。昭和30年代は，自動車は走るだけで魅力であった。「パタパタ」と呼ばれたバッテリー車や，あるいはダイハツの軽三輪自動車「ミゼット」や富士重工業の「すばる360」も懐かしい。当時の日本は新興国だった。新興国にとって自動車は運搬と移動の手段であり，それ自体が魅力なのである。まして自動車を所有することだけでステータスになる。

　このことは何を意味するか。電気自動車は，単に既存市場におけるガソリン自動車の代替品ではないということである。グローバルには，それまで車に関係なかった人々の新規市場を大きく開拓するものでもあると言えよう。その時，高速道路を快適に時速200キロで安定走行しなければならない，と議論する理由は，ごく一部の話にしかならない。

　一方先進国では，若い世代を中心に「車を保有したい」という意欲が年々衰えている。例えば，日本では若者が自動車免許を取らなくなってきた。自動車学校の数は激減である。公共交通の整備された都会では，駐車代や維持費を考えれば，自動車を所有するよりタクシー利用の方がはるかに安く済む。また，最近ではレンタカーやシェアカーの利用者は増加している。


## 2. ロボットとしての電気自動車

　筆者は，東京・秋葉原の再開発プロデュースをしてきた。その模様は新書[2]に詳しく書いたが，その当初である2001年頃には「15年後には，アキ

バで電気自動車のパーツが売られるようになる」と公言していた。当時は，ほとんどホラ話と思われていたが，現在，その予言はほぼ当たっていたと言えるだろう。家電量販店が電気自動車の販売窓口になるばかりではなく，次世代の電気自動車のパーツを扱おうとする郊外家電量販店も現れている。

　もう一つ，当時筆者の議論でホラと思われた話は「全ての機械はロボット化する」というものである[3]。今は，この話を多くの人が納得してくれるようになった。その概要を紹介しよう。

　人類は，18世紀後半になって，人の手足すなわち作業系・駆動系を外在化させ，軽工業を発達させた。さらに19世紀には，蒸気機関の発明によるエネルギー系の確保によって大きく機械系を発達させた。次の20世紀には，人の頭脳という計算・記憶系を外在化させてコンピュータを発達させた。そして21世紀の現在，人の五感という感覚系を外在化させてセンサーを発達させている。これらの駆動系，計算・記憶系，感覚系を全て揃えた時，その機械全体を「ロボット」と呼ぶ。この観点に立てば，新幹線や飛行機は既にロボットであり，東京の秋葉原電気街で売られている電気製品の大半もロボットと呼べるだろう。そして電気自動車もこれまたロボットと呼び得るのだ。

　既に現在の自動車は1000万ステップを超えるソフトウエアが内在するコンピュータ制御によって成り立っていると聞く。とすれば，これはもう単なる古典的な「作業機械」ではなく，「電脳機器」である。（近時話題となった米国におけるトヨタ車の問題も，実はコンピュータ制御の信頼性に関わるものであった。）

　また最近は，センサーによって安全走行のための制御がなされている。車間距離を保ち，衝突を寸前で止める。そのような実験を見せるTVCMも出現している。とすれば，これもまた単なる古典的な「駆動機械」ではなく，「感覚制御機器」である。さらに，電気自動車は動力源が電気になるから「電動機器」となる。

　電脳機器であり電動機器，つまり，今や自動車は単なる部品の総合体とし

ての駆動機械としてだけでなく,「アクチュエータ,コンピュータ,センサー」の統合体として「ロボット」と呼んでも良いものであろう。今後の自動車は,どのようなものであれ「移動運搬車両として特化したロボット」であると言えるはずだ。電気自動車は EV (electric vehicle) と呼ばれるが,それは電気自動車というよりむしろ「電動車両」と訳すべきであろう。

このように,電気自動車は,そのエネルギー源がガソリンから電気に替わるだけと見てはならない。第一に,ビジネスモデルが,従来の自動車産業や機械産業ではなく,ロボット産業のそれに替わらざるを得ない,ということを意味する。また第二に,電気供給を通じてエネルギーネットワークと連動すると共に,コンピュータとして各種情報のネットワークと連動することを意味する。すなわち,電気自動車はケータイと同様になっていくのである[4]。後者については,8.で簡単に触れるとして,本論では前者の電気自動車＝ロボットのビジネスモデルを中心にして論じよう。

## 3. 擦り合わせエンジン車と組み合わせ電気自動車

ロボットとしての電気自動車を考える前に,まずは「擦り合わせ(インテグラ)型」と「組み合わせ(モジュラー)型」という製品アーキテクチャの2つのタイプについて確認しておきたい。この「擦り合わせ型」と「組み合わせ型」という2つのタイプは,東京大学・藤本隆宏教授等が議論を先導している素晴らしい分類である[5]。

擦り合わせ型の製品の典型はガソリン車である。この型の製品は,機能と部品が N 対 N の対応になっており,部品の相互調整が肝となる。例えば,"乗り心地"という機能価値を実現するには,シート,エンジンの加速減速性能,ブレーキの強さ,タイヤの種類等々,多様な技術と部品が組み合わさってはじめて実現できる。もし排気量が倍のエンジンに変えれば,他の部品を相当に相互調整する必要がある。きめ細かく部品の相互調整をして最高の製品をつくっていくことは,まさに日本企業のお家芸だ。

他方，組み合わせ型製品の典型例としてはパソコンや電化製品が挙げられる。機能と部品が1対1で対応しており，それらの規格を国際標準化すれば，個々の部品に特化して新興国でも格安の標準品を大量生産できる。それらを組み合わせれば，容易に完成品をつくることが可能となる。

　日本は大企業から中小企業に至るまで，擦り合わせ型の「ものづくり」力に長けており，その実力は世界に冠たるものだ。しかし，製品がいったん組み合わせ型にされてしまうと（垂直分離），世界中で部品だけが格安につくられてしまうので（水平分業），日本の力は骨抜きになってしまう。例えば，従来擦り合わせ型で創られていたパソコンは，ハードウエアとソフトウエアに分断され，それぞれインテルとマイクロソフトが仕切るようになったので，世界中のパソコン製品がコモディティ化（日用品化）した。結果，日本企業の多くをはじめ世界のパソコンメーカーは，インテルやマイクロソフトといった"基幹部品"によって従属させられる状況に陥ったのである。

　インテルは，MPU（中央演算装置）を中軸とするマザーボードによるプラットフォームを形成してハードウエア側の基幹部品による完成品従属を可能にした。一方，マイクロソフトはウインドウズというOSを創って，それにアプリケーションソフトを載せれば良いようにして，ソフトウエア側の基幹部品による完成品従属を可能にした。インテルとウインドウズの共闘である「ウインテル連合軍」が20年近く，世界の8割のシェアを維持し4割以上の収益率を誇っていられるのは，この製品アーキテクチャのつくり方とそれを中核に置いたビジネスモデルのお陰である。

## 4. インテルの「インサイドモデル」：基幹部品による完成品従属モデル

　ここで簡単にインテルの戦略を学んでおくことは役立つはずである。インテルのビジネスモデルを筆者は「インサイドモデル」と呼んでいる[6]。このビジネスモデルは，特に今後の自動車産業，「ロボット」産業にとって極め

て重要である。なぜならば，電気自動車によって自動車は一気に組み合わせ型の製品になるからである。組み合わせ型製品の典型であるパソコンの世界で半導体の巨人として君臨するインテルのビジネスモデルに学ばないわけにはいかない。

　前述のように，日本企業は，例えばパソコンのような組み合わせ型製品は弱いと言われる。しかし，パソコンはそもそも擦り合わせ型の製品であり，組み合わせ型の製品ではなかったのだ。誰がどのように，パソコンを組み合わせ型にしたのか。

　そもそもパソコンは，"パソコン"という言葉もない1976年にNECが秋葉原に「Bit-In」というアンテナショップを開設して，余った半導体を活用しホビー用のキット（TK）を発売したことが，その始まりである。秋葉原で人気に火がつき，そのキットは「マイコン」を経てパソコンに進化していった。NECの8100シリーズやシャープのMZシリーズを覚えている人も少なくないはずだ。当時のパソコンは擦り合わせ型で造られていた。ハードウエアとソフトウエアにも分かれておらず，OSもなかったのである。プログラム言語のBASICも機種毎に微妙に異なっていたため互換性も乏しく，いちいち調整を必要とした。

　流れを変えたのはインテルだった。インテルはDRAMメモリーを最初に開発したベンチャー企業であったが，80年代に今の日本のように"技術はあるが，事業で勝てなくなり"，メモリー事業から撤退せざるを得なくなった。CPU（中央演算処理装置）に中軸を移行したが，それも部材納入メーカーとしてIBMの下請けをしているような状態だった。だが，インテルはパソコンの急所となる基幹部品を押さえる戦略に出た。CPUを中心にして部品群のある部分を囲む"城壁"をつくり，モジュラー部品としてMPU（超小型演算処理装置）を仕立て上げたのである。MPUの内側は独自技術でブラックボックス化する一方で，周辺部品とつながるインターフェイスのコミュニケーション経路（プロトコル）の規格を開発し，それを国際標準規格として公開した。それによって関連周辺部品メーカーはそのプロトコルに

準拠して部品間の連携が可能な状態にさえすれば，部品をそれぞれ独自に開発しても構わなくなったのである。結果，周囲の部品メーカーたちは，完成品メーカーであるIBMやNECや富士通ではなく，プラットフォーム（共通土台）の先導者であるインテルの言うことを聞くようになったのであった。つまり基幹部品によるプラットフォーム先導に成功したインテルが，完成品側の主導権を奪ったのである。

インテルはさらにパソコンを普及させるため，MPUを埋め込んで簡単にパソコンがつくれるマザーボードを開発した。MPUを買うことを条件に，インテルは台湾メーカーにマザーボードをつくるノウハウを提供した。これにより，パソコンが擦り合わせ型から組み立て型の製品に変わったのである。こうすると，次にサプライチェーンが一気に動き出す。つまり組み立てメーカーが雨後の竹の子のように生まれたのである。90年後半に安価なパソコンを製造し，パソコンが急速に普及していった。代表的なメーカーとなったのがDELLである。

さらに，インテルは「インテル入っている」「インテルインサイド」，誰もが知っているキャッチコピーを使った広告戦略に出た。基幹部品を押さえる戦略が始まった時期とTVなどで大掛かりなCMを打ち始めたのはほぼ同一時である。インテルが入っていればどこのパソコンでも安心というイメージが一般消費者に浸透した。こうして基幹部品が完成品を従属させるモデルが完成したのである。

これと同様の戦略をソフト側で仕掛けたのがマイクロソフトである。当時，パソコンにはOSという概念はなかったのだが，それをウインドウズ95によって一気に普及させた。他のアプリケーションソフトは，ウインドウズ上で動きさえすれば良いようにしたのである。インテルのマザーボードと同様の「プラットフォーム」の形成である。

以来，15年以上にわたり，この「インテル＋ウインドウズ＝ウインテル」連合軍は世界を制覇し，両社とも世界の8割のシェアを抑え，収益率は4割超を維持しているのである。

このように，製品アーキテクチャを工夫して，一部は独自技術のブラックボックス化，一部は標準化して公開するという知的財産マネジメントが効を奏した。これにより，賃金格差，生産コスト格差がある新興国に中間部材の生産を委せて市場を拡大する戦略が動き出し，急所を押さえれば他社に任せていても商品が急速に普及し，収益はインテルに入ってくるというビジネスモデルが確立されたのである。

これがインテルの「インサイドモデル」である。重要なことは，このインサイドモデルはどの部品でもあり得るという点だ。部材メーカーは何をどうインサイドとして基幹部品化を進めれば，完成品を従属させることができるのか，それを考える時代であると言えよう。

## 5. 機械世代論

さて，次に，電気自動車のビジネスモデルを検討する補助線として，筆者が提案している「機械世代論」を模式的に紹介しよう（図1～6参照）。これは，次のような世代区分を行う試論である。

【前世代　人の手先を道具・用具に置き換えた時代】

人類が，人の手先だけによる作業の時代から道具や用具を使う時代へ移行したのは太古の昔である。道具や用具は，いわば人の手先（作業系）を外在化させ，特化させたものだったと言えるだろう。例えば，ツメは石器に，水をすくう手先は土器に，それぞれ外部の道具に置き換えられた。農作業用具や武器において，強く，鋭く，あるいは細かくといったことが優劣を決めた時代は長く続いた（図1）。

【第一世代　駆動系（含・作業系）の優劣を競う世代】

古代から中世になって，人類は，手先から手足全体すなわち駆動系（アクチュエータ）の外在化を進展させた。機械の出現である。動力系（エネルギ

図1 前機械世代：人の手先を道具・用具へ

人の手先（作業系）を
外在化

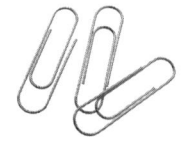

©Ken SENOH 2011

ー系）は人から牛馬に置き換えられ，作業系（オペレーション系）は機器によって置き換えられ，古典的な駆動系機械の時代となった。次第に，道具が機械として発展・洗練されたわけである（図2）。

【第二世代　駆動系全体の優劣を競う世代】

18世紀になって，人類は，手先から手足全体すなわち駆動系（アクチュエータ）の外在化を進展させ，軽工業を発達させた。動力系（エネルギー系）は牛馬から水車・風車といった機械に置き換えられ，作業系（オペレーション部分）は緻密化・標準化・分業化された。これらを揃えて駆動系全体が優劣を競う，文字通り機械化の時代である。道具が機械として発展・洗練し，機能全体が「分業と標準化」[7]されて軽工業化による，第一次産業革命が始まったのである（図3）。

第5章　ロボット機械としての電気自動車　153

図2　第一世代：道具から機械へ

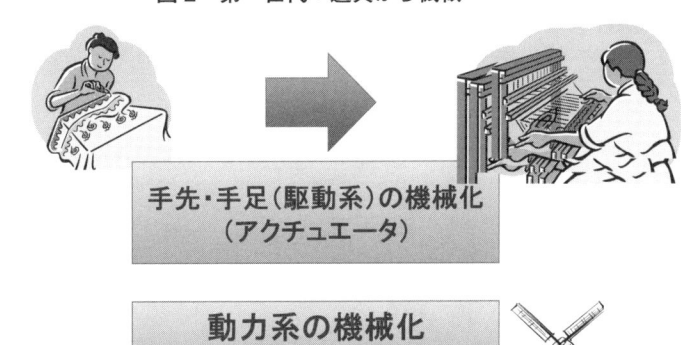

手先・手足（駆動系）の機械化
（アクチュエータ）

動力系の機械化
（パワー）

ⓒ Ken SENOH 2011

図3　第二世代：軽工業社会（第一次産業革命）

動力系の機械化
作業系の緻密化・標準化・分業化等
によって
第1次産業革命・軽工業化社会へ

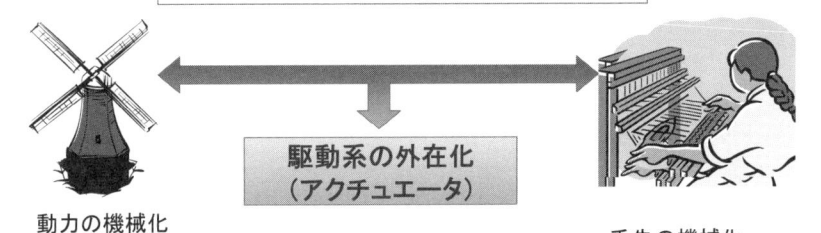

駆動系の外在化
（アクチュエータ）

動力の機械化　　　　　　　　　　手先の機械化

ⓒ Ken SENOH 2011

図4　第三世代：工業社会（第二次産業革命）

　19世紀〜20世紀
　内燃機関と精密器械によって
　第2次産業革命
　工業化社会へ

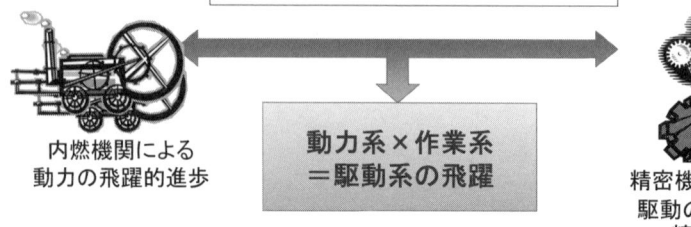

内燃機関による　　　動力系×作業系　　　精密機器による
動力の飛躍的進歩　　＝駆動系の飛躍　　　駆動の飛躍的
　　　　　　　　　　　　　　　　　　　　　精密化

ⓒ Ken SENOH 2011

【第三世代　駆動系に動力系を加え，優劣を競う世代】

　19世紀になって，蒸気機関（内燃機関）の発明・発達によって動力系が飛躍的に進歩した。また機器部品も精密化が進み，機械全体の能力は著しく向上した。これによって，いわゆる第二次産業革命が進展した。この動力源がさらに電気になり，多くの機械が「電動機器」へと進化したと言える（図4）。

【第四世代　駆動系＋動力系に情報系を加え，優劣を競う世代】

　20世紀中葉になると，人類は，頭脳の計算・記憶系を外在化させたコンピュータを発達させた。20世紀終盤からコンピュータが機械に組み込まれることによって，機械は一躍能力を向上させた。また，機械に計算・記憶系が付加されることにより，機械は「電脳機器」へと進化したと言えるだろう（図5）。

第5章　ロボット機械としての電気自動車　155

図5　第四世代：20世紀に頭脳系を組込

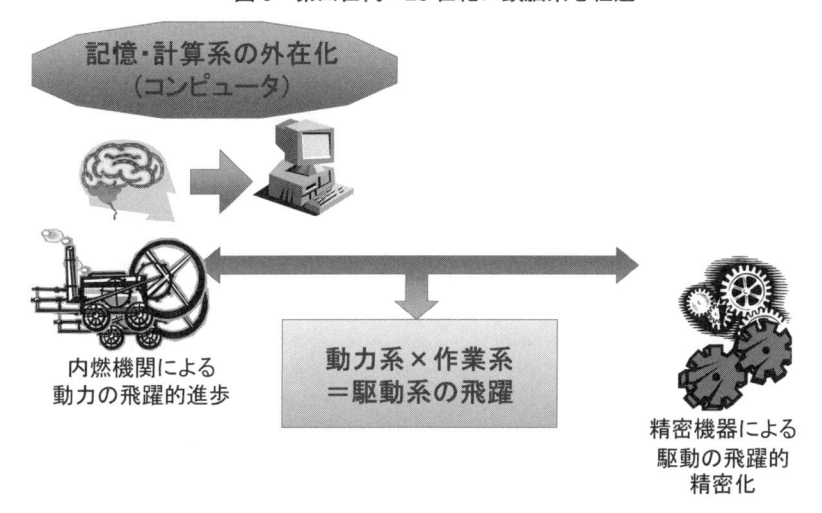

記憶・計算系の外在化
（コンピュータ）

内燃機関による
動力の飛躍的進歩

動力系×作業系
＝駆動系の飛躍

精密機器による
駆動の飛躍的
精密化

Ⓒ Ken SENOH 2011

図6　第五世代：21世紀に感覚系を組込

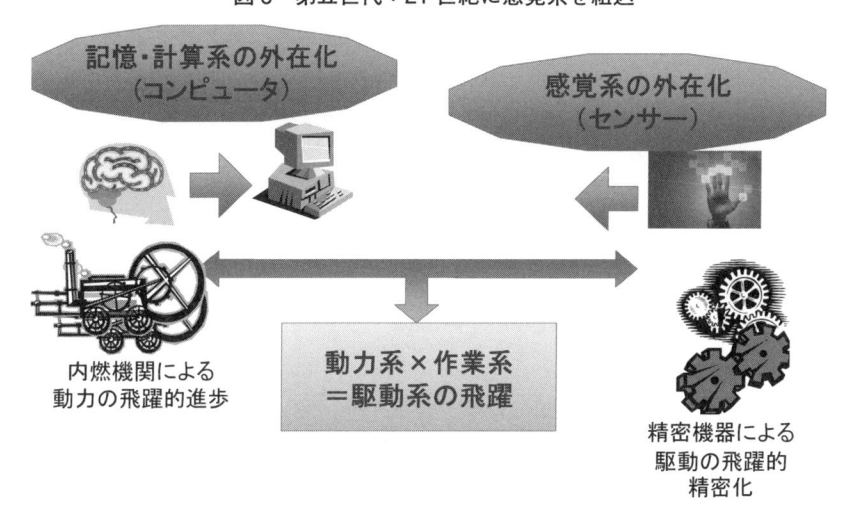

記憶・計算系の外在化
（コンピュータ）

感覚系の外在化
（センサー）

内燃機関による
動力の飛躍的進歩

動力系×作業系
＝駆動系の飛躍

精密機器による
駆動の飛躍的
精密化

Ⓒ Ken SENOH 2011

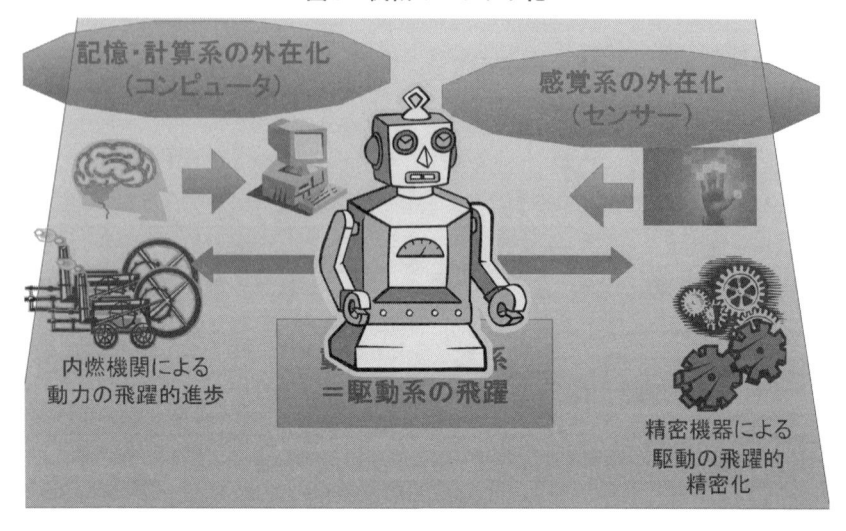

図7　機械のロボット化

記憶・計算系の外在化
（コンピュータ）

感覚系の外在化
（センサー）

内燃機関による
動力の飛躍的進歩

＝駆動系の飛躍

精密機器による
駆動の飛躍的
精密化

Ⓒ Ken SENOH 2011

【第五世代　駆動系＋動力系＋情報系＝ロボット化によって優劣を競う世代】

　21世紀の現在，人類は，人の五感という感覚系を外在化させたセンサーを組み込むことによって機械をさらに進展させている。そして，動力系，駆動系，作業系を統合した「機械」と，計算・記憶の頭脳系や五感の感覚系がまるごと一体化した時，それは「ロボット」となる。すなわち，機械は「ロボット化」したのである（図6）。

## 6. 匠の技を凌駕する上位の制御

　このように，機械類はロボット化している。そうとらえた時，新たなビジネスモデルの価値形成について，3つの点が重要であると気づく。

　第一は，ロボット機械全体を上位で制御する機能に先導的な価値が形成される点である（図7）。

　この点を理解しない多くの日本企業は，罠に陥りかねない。その罠とは，

図7の一番右下にある「作業系」をきめ細かく「匠の技」で創りこみ、それをもって全体で勝てるとしてしまうことである。確かに、日本の「匠の技」は素晴らしい。筆者もメーカーの工場で品質管理運動（QC運動）の事務局長を務めていたことがあるので、その点を疑うことはない。しかし、いくら作業系を繊細につくったとしても、この第五世代のロボット機械の登場によって、それだけでは競争力を持ち得ないことになる。

どういうことか。バラツキがあって性能が劣る製品に対応する態度が、日本と欧米では異なるように見受けられるのだ。日本はバラツキのある製品をつくらず、最高性能の製品を安定的に生産供給すると言う。他方、欧米の勝ち組企業は、そこで勝負をしても日本にかなわないから、逆の発想をする。新興国が生産する「ソコソコ性能・ソコソコばらつき製品」の作業系部品があったとしても、それを頭脳系と感覚系の組み合わせで制御して、一定の結果を出せるようにすれば良いのではないか、と考えるのだ。そして新興国で作業系部品を安く生産してもらえれば、それは市場形成を加速的に進めることになる。ただし、付加価値の高い部分はしっかり自分たちが握っておけば良い。すなわち全体の制御側を押さえることが価値形成の要諦になると考えるのである。

例えば、LED照明を単なる消耗品として白熱電球の高度代替品と見るだけであれば、高性能・安定品質の日本企業の得意分野となる。しかし、もしそれを制御する側に付加価値を見出せば、照明機器は、消耗品側ではなく、設置本体側が重要となる。これは欧米企業の得意なパターンだ。つまり生産される消耗部品が「ソコソコ性能・ソコソコばらつき製品」であったとしても、制御側で機能安定化させることができるからである。

これは、機械の生産価値について、従来の品質管理の基本である「すべてを標準化し可能な限り安定均一生産」することから、「バラツキを前提にしながら、それへの対処法自体を標準化」することへの価値形成のあり方の移行を意味する。

また、例えば、エネルギー系である電池の減り具合が感覚系のセンサーで

把握できれば最適制御が可能となる。リチウムイオン電池のような化学電池は，その減り具合に応じた適切な充電をすれば，電池寿命が大きく伸ばすことができる。その最適値を求め，かつ対応することが可能になるのだ。

　これらを踏まえると，価値形成の主軸を作業系側に置こうとするのが日本，それに対して上位の頭脳系と感覚系による全体制御の側に寄せようとするのが欧米，という図式になる。高級品で市場形成を進めようとする日本に対し，そこそこの製品でも一気に普及をさせて市場を拡大し，その時においしいところで稼ぐ欧米……。明らかに，現在のグローバルビジネスでは，後者の戦略の方が圧倒的に勝てるだろう。

　要するに，機器がロボット化された時，作業系，頭脳系，感覚系の統合的制御が極めて重要になるのである。つまり，ロボット機器においては，その全体を制御する上位の「基盤ソフトウエア」に主導的な価値が形成され，それをしっかり押さえることが要諦と言える。この時，機械自体の価値より，むしろ制御側に主たる価値が移行し，加えて，ここに個別具体的な機能を担

図8　ロボット化した機械の主導権は制御系が握る

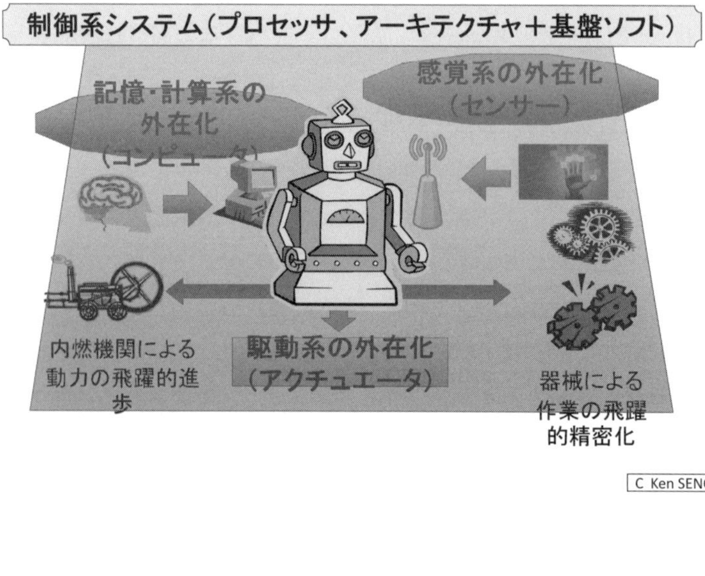

制御系システム（プロセッサ、アーキテクチャ＋基盤ソフト）

記憶・計算系の外在化（コンピュータ）

感覚系の外在化（センサー）

内燃機関による動力の飛躍的進歩

駆動系の外在化（アクチュエータ）

器械による作業の飛躍的精密化

Ⓒ Ken SENOH 2011

わせるアプリケーションソフトが付加される。ロボット機械は、その統合的制御の優劣を競う世代になってきたのである（図8）。

## 7. ログによりサービスが主導権を左右する

ロボット機械の価値形成において重要な第二点目は、制御ログの蓄積が価値を持ち、「個別具体的対応」の優劣を決めることになることである。

ロボット機械が機能を果たす時、個別の状況下でどのように制御されたのか、最適な作業記録がログとして蓄積されることになる。この蓄積を次に活かすように、制御系のソフトとアプリケーションの最適化を図れるようにすれば、ロボット機械全体の価値をさらに高められるだろう。

それはまた、これまでの機械が提供するサービスが「デモデモモデル（いつでも、どこでも、誰でも）」を主体にしたものだったことに対して、「ダケダケモデル（いまだけ、ここだけ、あなただけ）」によるものへと比重を移

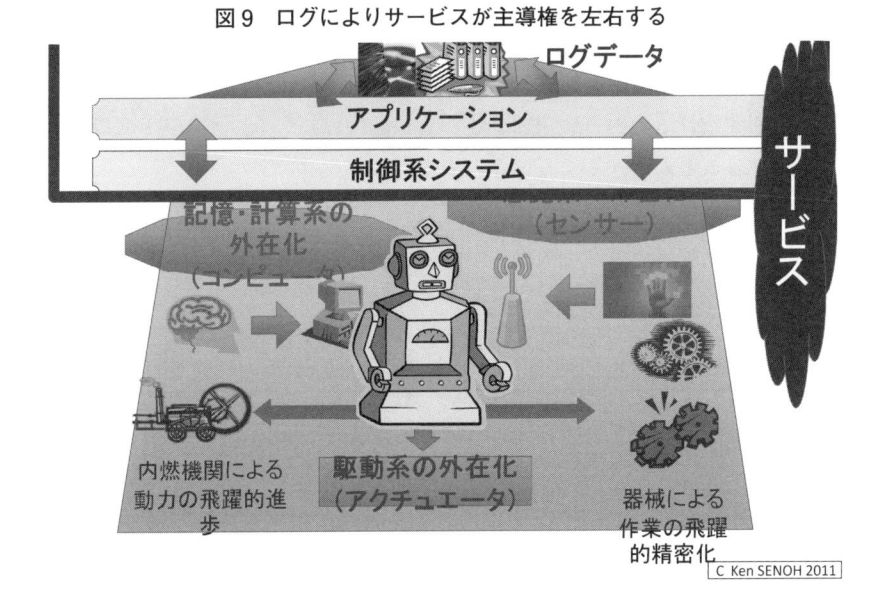

図9　ログによりサービスが主導権を左右する

図10 制御＆ログシステムを完成品側に置くか，基幹部品側におくか，で勝負が決まる

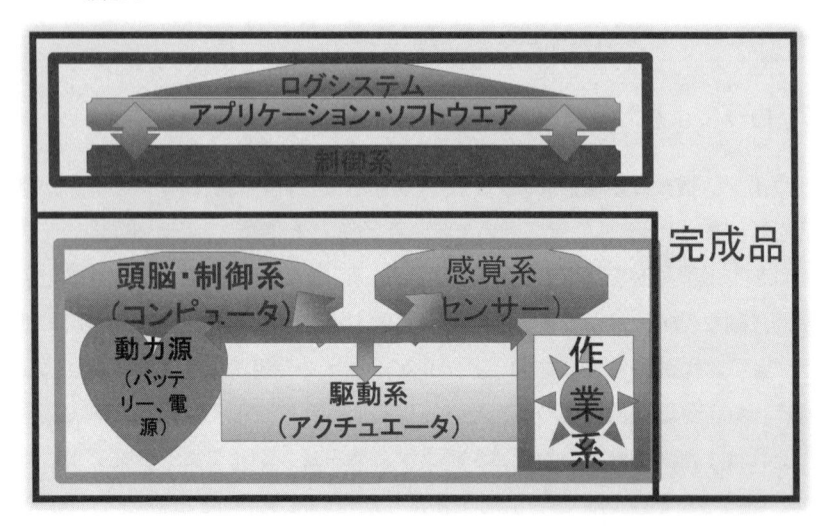

［図：完成品。上部にログシステム／アプリケーション・ソフトウエア／制御系。下部に頭脳・制御系（コンピュータ），感覚系（センサー），動力源（バッテリー、電源），駆動系（アクチュエータ），作業系。］

C Ken SENOH 2011

行させることを意味する。ここで比重移行とは，モデルの移行ではない。モデルの両者が併存し，その価値ウエイトが移行することを指す。共通サービスと個別サービスの両者を個別具体的な状況に合わせてバランスをとりながら提供することができるようになるのである。

　自動車の走行について言えば，一方においてできるだけ標準的な走行を担保しつつ，運転者の事情や性向・嗜好に応じた走行もこれまた可能にするといったことである。つまり，「標準化」サービスを提供することに加えて，個人別の目的や行動パターンのデータを基にして「差異化」サービス，すなわち「ホスピタリティ」を機械制御側で対応するようになるわけだ。とすれば，これを可能とするログ情報を誰が押さえるようになるのか，それが勝負所となるだろう。

## 8. ケータイとしての電気自動車

　第三は，ロボット機械になると，当然，動力系のネットワークと共に，情報のネットワークともつながることになる。つまり，ロボット機械は情報システムとしての意味を持つようになってくる。

　自動車の場合，既に，カーナビゲーションシステムによってネットワークとつながっている。これはさまざまな可能性を引き出していく。例えば，ホンダが埼玉県で実証実験をしているように，多くの車が急ブレーキを踏む場所がカーナビを通じて同定できれば，それは県当局による道路改善を導く。また有名な話であるが，自動車のワイパーをインターネットにつなげれば，そのネットワーク情報によって世界中の天気が把握できるようになるはずだ。これは電気自動車になればさらに進展するだろう。

　従来「単体機器（スタンドアローン）」であった自動車は，電気自動車になると，常時ネットワークとつながって動く「ネットワークト製品」になる。このことは，俯瞰的に見れば，電気自動車はケータイと同じだということに他ならない。

　今，世間で盛んに言われているスマートグリッド，スマートシティなどにおける「スマート化」は，ある意味で，情報のタグ付けである。モノへの情報タグ付けがチップユビキタスであり，エネルギーへの情報タグ付けがスマートグリッドである。そして，情報自体に情報タグ付けすることがクラウドコンピューティングである。つまり，モノとエネルギーと情報それ自体に情報タグが付くスマートグリッドの世界になれば，さらにこれら同士が相互に結びつくことになる。そうすると，スマートグリッドとは電力効率化だという議論がされているものの，実は「第二のインターネットの覇権争い」になるはずである[8]。

　ネットワーク化が進めば，電気を使っているものは全て情報機器となる。そして，電気自動車や蓄電池は新しいビジネスを生む。この時に，誰がどのような価値形成をし，誰がどのようなレイヤーから全体の主導権をとるの

か。このことに気がつけば，次世代自動車，スマートグリッド，クラウドコンピューティング等について統合的な理解が必要となるのである。別途機会を見て，詳細な議論を紹介したい。

## 9. 基幹部品主導か，完成品主導か

さて，これらを総合的に俯瞰すれば，何が言えるだろうか。

ロボット機械全体の価値を制御側が主導し，かつログが蓄積され個別具体的対応の優劣を決めることになるとすれば，その機能全体をどの部分，どのレイヤーが持つかが最重要になるだろう。すなわち，一般的に言って，電気自動車をはじめとするロボット機械は，制御系ソフト＋アプリケーションソフト＋ログ蓄積機能といった制御側全体を，基幹部品側に寄せるのか，完成品側に寄せるのか，あるいは製品（モノ）という同一単層内に置くのか，サービスネットワーク側に置くのか，それが競争力の基本になると言えるのである。これは，基幹部品主導か，完成品主導か，あるいはレイヤーのモノ側主導か，ネットワーク側主導か，ということだ。後者の対比は，ネットワークビジネスにおいて，デバイス側対コンテンツ側による価値形成の主導権争いと同様のことである。ロボット機械においても，このような多面的・多層的な主導権争いが始まっているのである。

事業の競争力の要諦であるビジネスモデル，その中核をなす商品アーキテクチャの設計については，クローズとオープンの使い分け，独自技術と標準技術の使い分けが要諦である。どこをどうモジュラー化するか，その内部をどのような独自技術を中核として擦り合わせ構造にするのか，それを検討し，巧い構成の仕方とそれを可能にならしめる技術があれば，あるいはその逆に，今ある技術であったとしても中核として巧い構成ができれば，その部品を基幹部品として完成品より優位に立たせることができるかもしれない。どのように先導的なプラットフォームを仕立てれば自社製品内部から外部を従属させ得るのか，それが勝負となるのだ。

この基本に続き，全体制御をどこに寄せて構成するか，それがさらに重要になったのである．それをしっかり吟味する必要がある．

## 10.「ボッシュインサイド」の脅威

　電気自動車になると，このロボット機械世代への移行が加速化されるだろう．

　現在，世界的な部品メーカーであるドイツのボッシュなどが仕掛けているのは，まさにこういった段階ではないか．ボッシュは，虎視眈々と「基幹部品による完成品従属」という「インサイドモデル」を進めているように見えてならない．基盤ソフトをしっかり押さえることによる「ボッシュインサイド」の推進である．

　例えば，インドではタタ社が20万円台の車「ナノ」を売り出した．この廉価な車は，ボッシュがバックアップしている．これは，擦り合わせ型のガソリン車を簡略化し，どこまで部品点数を減すことができるか実証実験をしているようにも見えるのだ．ナノの部品を電気自動車用にモジュラー化して組み立てれば，電気自動車への移行は極めて容易になるはずだ．

　ボッシュによる基幹部品のプラットフォーム化，すなわち仲間を形成することの基盤ができれば，それによって産業の主導権を握れることになる．つまり，自動車は基幹部品による完成品従属のビジネスモデルに移行する．ボッシュは世界中に取引先がいるから，その量産効果は莫大なものとなろう．圧倒的なコスト競争力を発揮されてしまっては，日本企業は太刀打ちできない．

　こう考えると，世界的な自動車部品メーカーである，日本のアイシンやデンソーやNTN等がどう対応するのかが次の焦点になる．どうすれば「アイシンインサイド」や「NTNインサイド」に持ちこめるか，その戦略が試されていると言えよう．日本の完成車メーカーも密かに「インサイド」に関する対応を進めているところがある．他方，従来のように完成品主導（アウト

サイド）を継続させようとしているところもある。両睨みで模索しているところもある。

　いずれにせよ，機械はもう作業系・駆動系のだけでは主要な価値を形成できないのだ。その時，どのようにすればロボットとしての「ユニット化」が可能か，その点を検討することが必須となる。これは完成品を扱っている大企業にとっては大問題だが，しかし機械部品一般で見れば，技術力のある中小企業が打ち勝つチャンスでもある。

## 11. 蓄電池搭載型のみが電気自動車か？

　ところで，現在の日本で議論されている電気自動車は，ほとんど蓄電池搭載型を前提にしている。それで本当に良いのだろうか？　なぜ電気自動車のエネルギー源をリチウム電池という化学電池（ケミカルバッテリー）であると決めつけるのだろうか。

　現在，電気自動車が一回の充電で何百キロ走れるかという競争に関して賑やかな報道がなされている。しかし，業務用トラックは別として，誰が東京から福岡に自動車で行くのだろうか。延々と充電無しで走る電気自動車がどのくらい必要とされるか。アメリカ大陸縦断といった特殊な話なら別だが，少なくとも先進国や新興国の都市部においては，80％以上の自動車の一日の移動距離は数十キロ未満だという。タクシーのような業務用でも，その走行範囲は基本的に都市内に限られる。だとすると，基本的には簡単に充電できれば良い話となる。

　このことを前提にすると，コンデンサーの一種である「物理バッテリー」，すなわち「キャパシタ」に注目すべきではないか[9]。キャパシタ充電はいとも簡単だ。ちょいと触れれば，たちまち充電できる。例えば１分間の充電で数キロ程度走れる充電が可能という。日本の技術力をもってすれば，さらに進展できると聞く。

　筆者は，大学院生等に「充電池はハードディスク，キャパシタはUSBス

ティック」というたとえで説明をしている。パソコンのハードディスクも数テラバイトにする競争をしているが、その一方で、クラウドコンピューティングの時代になりつつあるので、データをパソコンにため込む必要は減ってきている。ネットワーク側にデータを置いておいて、必要な時にそれをダウンロードすればよろしい。普段は USB スティックを持ち歩いていればほとんどの用は済む。しかもその USB スティックでは現在は 32 ギガも珍しくない。我々それを持って手軽にデータ交換や保存をしている。それと同様に、電気自動車にしても、大量急速充電が云々というのではなく、簡単に充電できるキャパシタでチョコチョコと充電すれば良い。つまり、都市は USB スティック的で良いのではないか。そうすると、次は電気自動車とそれを支える社会システムの話となる。

## 12. 上海万博のキャパシタバス

　そこで、筆者は、2010 年 9 月に「キャパシタ型バス」の視察のため上海万博を訪れた。上海万博で使用される公共バス 60 数台のうち化学的な蓄電池搭載型が 2/3、残り 1/3 がキャパシタ型だったのだ。これは、昔の「トロリーバス」をもっとオシャレにしたようなものだった（写真 1）。

　昔の東京のトロリーバスは街に張られたケーブルにバス側のパンタグラフを接して走っていた。このキャパシタ型バスのシステムでは、停留所の屋根にキャパシタ充電器がセットされている。バスは到着すると上部から角のような二本の受電部を延ばして、停留所側の機器と接触させ、それを通じて充電する仕組みになっている。客が乗降している間に充電され、乗降が終わるとその角を引っ込めて、また走り出す。化学的な蓄電池と異なって、全部充電をしないと電池寿命に影響が生じるわけではない。乗降の間で充電できるだけ充電するだけで良いのだ。極端な話をすれば、とにかく次の停留所まで走れれば良いのである。

　実は、キャパシタは非接触でも充電できる。キャパシタ型電気自動車研究

写真1　中国上海万博のキャパシタバス

の第一人者である東京大学の堀洋一教授によれば，さらに道路にケーブルを敷けば，充電池を搭載しなくても非接触で道路から充電しながら走れるようになると言う(10)。エネルギーネットワークと情報ネットワークを組み合わせることにより，高速道路での無人走行も不可能ではない。

　また，堀教授によれば，キャパシタの技術は高度なものではなく，だから中国でも手軽に創れるのだという。これは，もし日本が本気でキャパシタ技術とシステムに取り組めば，さらに簡便・瞬時・大量な充電技術が展開できるということを示唆している。

　ちなみに，上海万博において特別に見学させてもらった蓄電池搭載型の電気バスは，何百kgもある電池を搭載しており，バス倉庫でその重い電池を機械で全部入れ替えるものであった。

　社会システムとしてはキャパシタシステムの方が先進国や新興国の都会に向いている。まず初期投資の負担が非常に軽く済む。軽便な充電器をコンビニなどの駐車場にちょいと置いておくだけで良い。駐車エリアの真ん中に充電スポットが埋められてあれば，コンビニで買い物する間に自動的に駐車充電でき，30km程度は十分に走れるだろう。過密都市の日本はもとより，例えばシンガポールやロンドンの都市部への導入がなされ得る。

　また，西欧諸国の街中は自動車の乗り入れが禁止されて，周囲の駐車場で

止めておく「パーク　アンド　ライド」方式である所も少なくないので，そこにも向いている。日本がこういったシステムをいち早く開発できれば，そのノウハウによって世界を先導できるのではないか。

さらに，タクシーとかバス，あるいは定期的・業務用で動く自動車類，例えば日本郵便，宅配便あるいはボトラーとかコンビニへの運搬車等々はまず間違いなくキャパシタ型の候補となり得る。充電スポットとして，コンビニや郵便局が活用できる。もちろん，パーキング全般に簡易なものを置けば良いし，飲料やたばこの自動販売機やNTTの電話ボックス等も充電スポットの候補に挙げられるだろう。

このように電気自動車は，自動車メーカーが単体のスタンドアローンでビジネスをする話だけにとどまらず，スマートシティにおける移動手段のサプライヤービジネスや社会システムの話にまで発展し得るのである。

## 13. 完成品から部品へ主導権が移行？　インホイールモーターの可能性

さて，もう一点，ビジネスモデルを検討する上で極めて重要な論点がある。それは，モーターが1台に1つだけあるという「ワンモーターオンボード型」が電気自動車の主流になるとは限らない，という点である。車輪のそれぞれにモーターが組み込まれるという「インホイールモーター型」という可能性も検討に値しよう。

さらに，1台に1つ蓄電池が搭載される「ワンバッテリー式」とバッテリーが各ホイールにそれぞれ組み込まれている「バッテリービルトイン式」がある。

この「インホイールモーター型」であり，かつ「バッテリービルトイン式」の電気自動車で著名なのが，慶應義塾大学の清水浩教授が開発した「Eliica（エリーカ）」である。8輪の電気自動車がポルシェを抜く加速性能とEV史上最速の370km／hを達成したことはマスコミ等でも多く取り上げ

られた。

　この「インホイールモーター型，バッテリービルトイン式」は，前述のロボット機械の第三段階になることに気づいた方もいるはずだ。この時，基盤ソフトをインホイールの方の基幹部品側に寄せられれば部品メーカー側の主導権，そうではなくて完成品側に寄せられれば完成品メーカー側の主導権となるはずだ。少なくとも理屈上はそうなる。実際には，メーカー間のしがらみ等々でどうなるのか不明ではあるが，これからは世界規模で完成品メーカーや部品メーカーの間でその主導権争いが繰り広げられることは間違いない。それは，完成品を扱う大企業と部品を扱う中小企業の間の「せめぎ合い」を導くことを意味するだろう。

## 14. むすび

　以上，少々極端な議論を展開したかもしれない。このロボット機械としての電気自動車への流れに抵抗することが自動車産業の生きる道ではない。そうではなくて，この流れを切っ掛けとして可能性を拓くべきである。特に従来モデルに乗っかった部品メーカー，その多くである中小企業は電気自動車の出現で淘汰されかねない。だが，新規モデルを見通して手を打った中小企業は一躍飛躍できる可能性を秘めている。

　この時，重要なことは，他の先行産業のビジネスモデルからヒントを得ることと，ロボット機械として電気自動車を検討することである。もはや技術力があれば事業で勝てる時代ではない。世界水準のビジネスモデルを考えなければならない。大企業でも，そういった「技術という知を活かす知」がなければ衰退する。中小企業でも技術を活かす知を使えば，世界で勝つことが可能なのである。

　そしてもう一点。以上を踏まえれば，ロボット機械の時代においても，「ものづくり」の力は極めて重要であるものの，しかし「ものづくり」の力を活かしたければ「ものづくり」を含む全体を押さえなければならない，と

第5章　ロボット機械としての電気自動車　169

いうことに気づくべきではなかろうか。「ものづくり」の力は「ものづくり以外の力」よってその価値を大きく異ならせてしまう。この，いわば「ものづくりパラドクス」とでも呼べるような状況をしっかり理解しなければ，我々は「局所最適」にのみ走り，「全体最適」の中で「自社最適」を図るところに主導権を握られてしまうという，近年の日本製造業の過ちを繰り返すことになる。本論は概論ではあるが，その点に関する気づきを喚起できるならば何よりである。

注
(1) 本章は，妹尾堅一郎「「ロボット」としての電気自動車―電気自動車のビジネスモデルの可能性を探る」『中小商工業研究』107号，（全国商工団体連合会　中小商工業研究所），2011年4月，に加筆修正を加え詳論化したものである。
(2) 妹尾堅一郎『アキバをプロデュース』アスキー新書，2007年。
(3) 例えば，立花隆・妹尾堅一郎・早川浩「ロボット研究の総合プラットホームを求めて」『SFマガジン』48 (2), 90-97, 2007-02，早川書房，2007年。
(4) 電気自動車＝ケータイ電話論については，既に拙書で指摘した。妹尾堅一郎『技術で勝る日本が，なぜ事業で負けるのか』ダイヤモンド社，2009年。
(5) 例えば，藤本隆宏・武石彰・青島矢一編『ビジネス・アーキテクチャ』有斐閣，2001年。
(6) 妹尾堅一郎『技術で勝る日本が，なぜ事業で負けるのか』ダイヤモンド社，2009年。経営学部生向けの教材としては，経済産業省・特許庁『事業戦略と知的財産マネジメント』発明協会，2010年。
(7) 分業と標準化による生産性の向上は，アダム・スミスの議論（諸国民の富）から進展したと見ることができる。
(8) 例えば，筆者の講演「ITイノベーション第三期がはじまる？―ITによる価格形成の変容と多様化を整理する」，情報化月間2010記念講演会，経済産業省，2010.10.1，あるいは「技術優位を事業優位にする知の活用―ビジネスモデルと知財・標準マネジメント」，スマートグリッドの技術優位性を事業優位性に活かす戦略，情報処理学会，第73回全国大会，2011.3.4，においてこの点を議論している。

(9) 現在，キャパシタを一番使うのはフォークリフト等の重機である。重機は瞬時にパワーを必要とするのでキャパシタを併用する。
(10) 例えば，堀洋一・妹尾堅一郎（対談セッション）「次世代自動車は本当に充電池が要るのか？―キャパシタ交通システムの可能性を探る」2010年度第4回アキバイノベーションカレッジオープンセミナー（AICOS 2010），2010年12月20日。

参考文献

小川紘一『国際標準化と事業戦略―日本型イノベーションシステムとしての標準化ビジネスモデル』白桃書房，2009年。

経済産業省・特許庁『事業戦略と知的財産マネジメント』発明協会，2010年。

妹尾堅一郎「「ロボット」としての電気自動車―電気自動車のビジネスモデルの可能性を探る」『中小商工業研究』107号，（全国商工団体連合会　中小商工業研究所），2011年4月。

妹尾堅一郎『技術で勝る日本が，なぜ事業で負けるのか』ダイヤモンド社，2009年。

妹尾堅一郎『アキバをプロデュース』アスキー新書，2007年。

立花隆・妹尾堅一郎・早川浩「ロボット研究の総合プラットホームを求めて」『SFマガジン』48(2)，pp. 90-97，2007-02，早川書房，2007年。

藤本隆宏，武石彰，青島矢一編『ビジネス・アーキテクチャ』有斐閣，2001年。

妹尾堅一郎（基調パネル講演）「技術優位を事業優位にする知の活用―ビジネスモデルと知財・標準マネジメント」，スマートグリッドの技術優位性を事業優位性に活かす戦略，情報処理学会，第73回全国大会，2011.3.4，東京工業大学。

妹尾堅一郎（講演）「ITイノベーション第三期がはじまる？―ITによる価格形成の変容と多様化を整理する」，情報化月間2010記念講演会，経済産業省，2010.10.1，ANAインターコンチネンタルホテル。

堀洋一・妹尾堅一郎（対談セッション）「次世代自動車は本当に充電池が要るのか？―キャパシタ交通システムの可能性を探る」，2010年度第4回アキバイノベーションカレッジオープンセミナー（AICOS 2010），2010.12.20，秋葉原ダイビル。

# 第6章

## アジアの製造業における新たなキャッチアップと製造技術プラットフォーム
―韓国液晶産業における製造技術戦略―

新宅 純二郎

## 1. アジアのキャッチアップを支える日本の部品・装置産業

　日本の製造業は，韓国，台湾，中国などアジア諸国の企業からの急激なキャッチアップに直面している。かつて，日本企業の製品が世界市場を席巻した時期には，日本企業は欧米企業が開発した製品を改善しているだけじゃないかという批判があった。たしかに，鉄鋼，自動車，半導体など，日米貿易摩擦の対象になった産業は，欧米オリジナルのものであった。しかし，その後，1990年代には日本オリジナルの新製品が登場した。液晶パネルやDVDがその代表的なものである。液晶パネルもDVDも，世界市場に広く浸透していった。

　皮肉なことに，その普及とともに，日本企業の生産シェアは急速に低下した。大型の液晶パネル産業は1990年代初頭に登場したが，それからわずか15年で，日本企業シェアは10％程度にまで低下している（図1参照）。その一方で，韓国企業，台湾企業のシェアが急増し，それぞれ45％程度を占めるに至っている。また，パソコン用のDVDドライブでも日本20％，韓国40％，台湾40％のシェアである。さらに，AV用のDVDプレーヤーでは，世界生産が1億2000万台程度のうち，約半分が中国企業の生産になってい

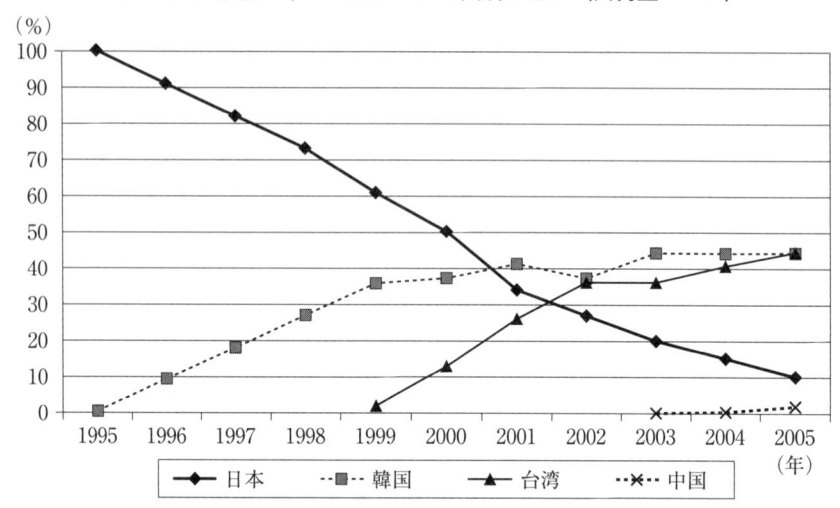

図1　大型液晶パネル生産における国別シェア（出荷量ベース）

出所）朴・富田による発表資料。国際ビジネス研究学会，2007年10月28日，於高崎経済大学。三星経済研究所（1999），*Display Search*（2002, 2006）より，朴・富田作成。

る。DVDの商品化からわずか10年でこのような状況になったのである。日本企業にとって，独創的なオリジナル製品の開発成功による果実が得られる期間は，意外に短かった。

　では，なぜこのような急速なキャッチアップに悩まされるようになったのであろうか。アジアのキャッチアップ企業の技術力が急速にあがっているのか。たしかに，その側面もある。しかし，より詳細にこれらの産業を調べてみると，実は，韓国企業も台湾企業も日本企業に依存していることが分かる。日本企業が生産して供給する部品，材料，製造装置が韓国，台湾，中国で広く使われている。

　たとえば，DVDのコア部品である光ピックアップでは，日本企業は90％以上の高いシェアを維持している。アナログ製品である光ピックアップは開発生産するのが極めて困難であり，擦り合わせ型製品である。また，光ピックアップは各社によって特性が大きく異なるため，それを制御するサーボ回路は個々の光ピックアップ特性に合わせこんで設計する必要がある。したが

って，サーボ回路を組み込んだLSIチップセットの設計製造も容易ではない。しかし，擦り合わせが完了した光ピックアップとLSIチップセットがあれば，DVDプレーヤーは新規参入の中国企業でも比較的容易に生産できる。コア部品のセットが，いわば一括ソリューションとして完成品メーカーに提供されているのである。

また，製造装置がソリューションとして提供されているケースもある。半導体製造装置産業では，1990年代後半にそのようなビジネス形態が広がったという。メモリー事業で韓国三星などに攻め込まれた日本の半導体企業は，ASIC（Application Specific Integrated Circuit：特定用途向け集積回路）やSOC（System-on-a-chip：システムLSI）事業に軸足を移すため，設計エンジニアを増やし，工程エンジニアの数を減らした。そのため，製造装置メーカーは，従来以上に量産立ち上げに関与してサポートすることが求められるようになった。その要求への対応として，製造装置メーカーは従来は装置のユーザー側のノウハウであったレシピ作りにコミットしていくようになった。その結果，台湾や韓国の半導体メーカーに対して，製造ノウハウを一括ソリューション型で提供するビジネスを展開するようになったという。これは，日系の装置メーカーだけでなく，AMATやASMLなど欧米系の装置メーカーも同様であった。さらに，液晶パネル製造装置でも，同様のソリューションビジネスが広がっているという。その結果，韓国，台湾の液晶パネルメーカーは，製造ノウハウが織り込まれた製造装置を導入して一気に生産を拡大したのである。

このように，擦り合わせ型の高度なノウハウが埋め込まれた部品や材料，あるいは製造装置が日本からアジア諸国の企業に一括ソリューションとして提供される。そのようなソリューションビジネスが，アジア製造業発展のプラットフォームとなっているのである。我々は，擦り合わせ型の部材や装置の供給の上にのったキャッチアップ国の発展を，モジュラー型のキャッチアップモデルとして図2のように図式化している。

現在東アジアでは，日本で製造装置や部材といった産業財が生産され，そ

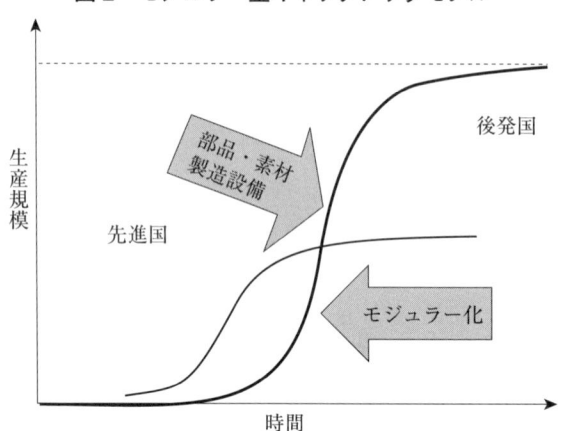

図2　モジュラー型キャッチアップモデル

（生産規模／時間　先進国／後発国　部品・素材製造設備　モジュラー化）

出所）　新宅純二郎（2007）「東アジアにおける製造業ネットワーク形成と日本企業のポジショニング」『韓日経商論集』（2007年6月号），pp. 169-195，韓日経商学会。

れが韓国や台湾に輸出されて資本集約的な先端産業で加工され，さらにそれが中国に輸出されて労働集約的な組立工程を経て完成品になるという国際分業が成立しつつある。その典型が液晶関連の産業である。2004年の日本からの液晶用偏向板材料輸出の37％が韓国，27％が台湾である。液晶パネルやプラズマパネルなどフラットパネルの製造装置と部材における日本企業の世界シェアは各カテゴリーで60％から100％と高いが，その販売先は日本国内よりもアジア向け輸出のほうがはるかに大きくなりつつある。半導体製造装置とフラットパネル製造装置を合計した2006年の輸出額は，韓国向けが1,169億円，台湾向けが2,805億円，中国向けが1,583億円で，この3カ国で同装置の総輸出の62％を占めている（図3参照）。大型液晶パネルの生産は，上述のように韓国，台湾の世界シェアが両国で90％にも達している。さらに，これらのパネルの一部は中国に輸出され，中国企業や中国立地の日本企業・韓国企業の工場で液晶テレビのような最終製品に組み立てられる。各国の比較優位を活かした結果として，産業財［日本］＝資本（設備）集約

第6章　アジアの製造業における新たなキャッチアップと製造技術プラットフォーム　175

**図3　日本の半導体・フラットパネルの製造装置の輸出**

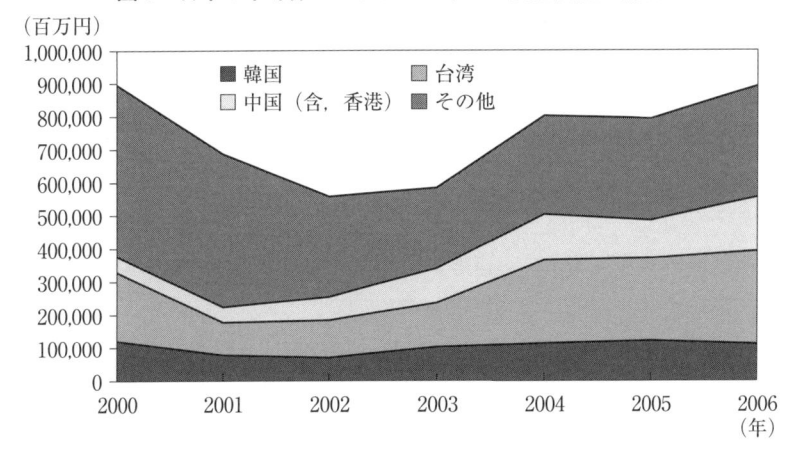

出所）機械輸出組合資料より，新宅作成。

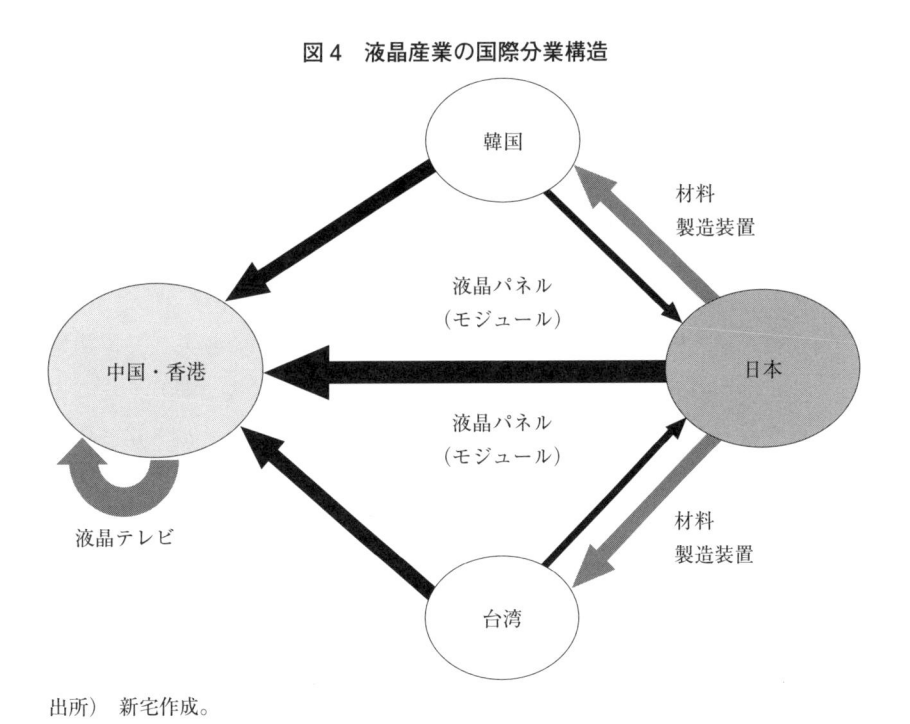

**図4　液晶産業の国際分業構造**

出所）新宅作成。

型中間財［韓国・台湾］＝労働集約型組立品［中国］という分業が東アジアで構築されつつある（図4参照）。

## 2. 韓国液晶産業の発展[1]

我々はアジアの液晶産業の実態を把握するために，韓国，台湾，中国の液晶関連産業を調査してきた。台湾の液晶産業の発展とその際の日本企業の関わりについては，新宅ほか（2006）を参照されたい。本稿は，2007年12月9日から11日まで製造装置産業の視点から実施した調査結果を主として構成されている。

図5が韓国の液晶産業の立地を示したものである。まず，韓国の液晶産業の集積は亀尾（クミ）で始まり，LGの液晶工場が立地するとともに，液晶用ガラスを供給する三星コーニング精密が工場を設立して1996年から供給を開始した。現在，三星グループは天安・湯井（タンジョン）を中心に，LGグループ（LPL：LG Phillips LCD）は亀尾と坡州を中心に立地している。前述の学会における具氏の分析によると，韓国の液晶関連企業は湯井と坡州という2つの地域で液晶クラスターを形成しつつある一方で，日系など外国の液晶関連企業（製造装置など）は，湯井と坡州の中間である平澤（ピョンタク）周辺に多くが立地しつつあるという（表1参照）。

三星電子は，彼らの半導体工場があった器興で，1995年から生産を開始している。その後，三星電子は1998年に量産を開始した第3世代から天安に工場を移して第6世代[2]までのパネルを生産し，さらに，2005年に量産を開始した第7世代からは天安のすぐ近くの湯井で生産している。

部材や製造装置で，その多くが日本企業からの供給が多かった中で，重要部材であるにもかかわらず，早くから国産化が進んだのがガラスである。三星コーニング精密が，三星グループとともに，LGグループにも供給してきた。三星コーニング精密は，世界有数のガラス・メーカーであるコーニング社と三星グループが，液晶パネル用の薄型ガラスを供給するために，両社

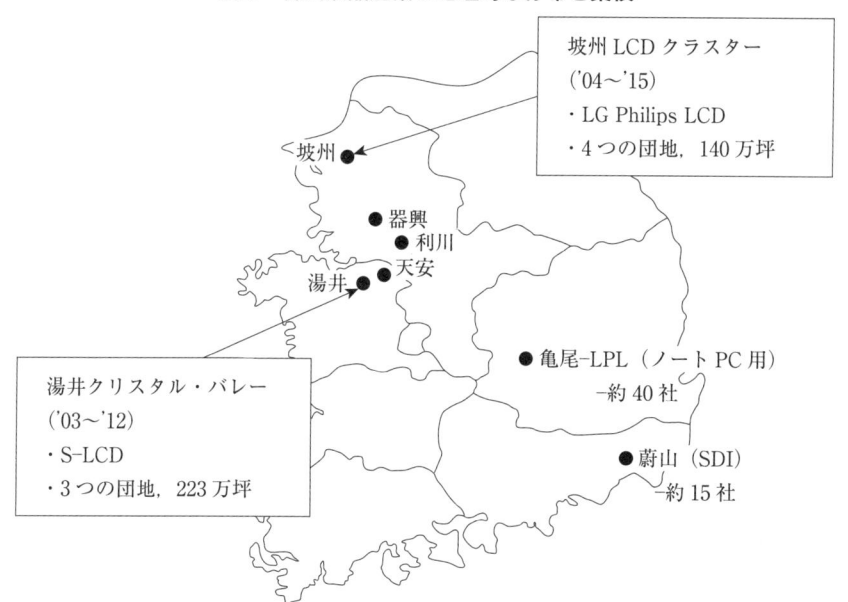

## 図5 韓国液晶産業の地理的な分布と集積

坡州LCDクラスター
（'04〜'15）
・LG Philips LCD
・4つの団地，140万坪

●坡州
●器興
●利川
●天安
●湯井

湯井クリスタル・バレー
（'03〜'12）
・S-LCD
・3つの団地，223万坪

●亀尾-LPL（ノートPC用）
　―約40社

●蔚山（SDI）
　―約15社

注）●は，LCDパネルラインの所在地
出所）具本寛（三星研究所主席研究員）による発表資料。国際ビジネス研究学会，2007年10月28日，於高崎経済大学。

50％ずつの出資で1995年に設立された合弁企業である。当初は，亀尾で生産を開始したが，三星グループの液晶パネル生産が天安地区に移転した後，2002年から三星コーニング精密も第5世代以降のガラスを天安で生産するようになった。現在，亀尾と天安にそれぞれ2工場を操業している。この三星コーニング精密は，売上高営業利益率が60％弱の高収益企業である。また，コーニング社は液晶用薄型ガラスのパイオニアで，現在でも60％程度の世界シェアを維持しており，韓国でも65％のシェアだと言われている。この分野のガラスでは，他に日本の旭硝子と日本電気硝子それぞれ20〜25％程度のシェアである。

　三星グループは，この合弁企業に先立って，ブラウン管についてもコーニ

表1　韓国に進出した外資系 LCD 関連企業の状況

| 分野 | | 企業名 | 形態 | 投資企業（国籍） | 所在地（時期） |
|---|---|---|---|---|---|
| 部品・素材 | ガラス | 旭硝子ファインテック（AFK） | 単独 | 旭硝子（日） | 亀尾（'05） |
| | | 坡州電気硝子 | 合作 | NEG（日） | 坡州（'06） |
| | | ショット倉元 | 合作 | Schott（独），倉元（日） | 五倉（'05） |
| | | NH テクノガラス | 合作 | NSG（日），HOYA（日） | 平澤（'05） |
| | 偏光板変更フィルム | 東友ファインケム | 単独 | 住友化学（日） | 平澤（'02） |
| | | 韓国日東 Optical | 合作 | 日東電工（日） | 平澤（'05） |
| | | 韓国 3M | 単独 | 3M（美） | 華城（'06） |
| | BLU 関連 | 韓国デラガラス | 合作 | デラガラス（米） | 楸八（'04） |
| | | 東レ－Sehan | 合作 | Toray（日） | 亀尾（'99） |
| | | ハリソン東芝ライティング | 単独 | ハリソン東芝ライティング（日） | 五倉（'04） |
| | 液晶 | メルク・アドヴェンスト・テク | 単独 | メルク（独） | 浦升（'02） |
| 装置 | フィルムコーティング | チッソ・Korea | 単独 | Chisso（日） | 平澤（'05） |
| | フォトマスク | 韓国 HOYA 電子 | 合作 | HOYA（日） | 平澤（'04） |
| | Colorfilter Ink | ナノテク・ミクニ | 合作 | ミクニ色素（日） | 平澤（'05） |
| | 薄膜設備 | 韓国アルバック | 単独 | ULVAC（日） | 平澤（'05） |
| | 真空 Chamber | 韓国アルバック精密 | 単独 | ULVAC（日） | 平澤（'05） |
| | 洗浄 | PS テクノロジー | 単独 | ULVAC（日） | 平澤（'05） |
| | 化学蒸着 | A1 | 単独 | A1（米） | 安山（'04） |
| | 背向膜塗布 | キャリス | 単独 | NAKAN（日） | 平澤（'06） |

出所）具本寛（三星研究所主席研究員）による発表資料。国際ビジネス研究学会，2007年10月28日，於高崎経済大学。

ング社と三星コーニングという合弁企業を設立して事業を拡大してきた。三星グループのブラウン管事業は，三星 SDI（旧，三星電管）が担い，90年代に世界トップの地位を築いた。本来，SDI が三星グループの表示装置を担当しており，同社では TFT 液晶も開発していたが，TFT 液晶は半導体製造技術との共通性が高いとの判断から，SDI ではなく三星電子が担当するようになった。SDI は，小型液晶，プラズマパネル，有機 EL などを担当することになった。

## 3．三星電子の最新鋭工場

　我々は，2007年12月10日に三星電子の最新鋭工場である湯井工場を訪

第 6 章　アジアの製造業における新たなキャッチアップと製造技術プラットフォーム　179

問した。工場の中は見学できなかったが，その規模は外から見るだけでも圧巻であった。写真（写真 1 参照）は三星電子のカタログからとったものである。灰色の（カラーでは青い）屋根が四つ判別できるが，右から，第 7 世代のモジュール工場，第 7 世代の第一工場（G7-1），第 7 世代の第二工場（G7-2），第 8 世代の第一工場（G8-1）である。G7-1 はソニーとの合弁の S-LCD により 2005 年に生産が開始された。正確に言うと，合弁の S-LCD が設備投資を負担し，その設備を三星電子に貸与し，三星電子が委託生産をしている形態だそうだ。工場の建物は S-LCD ではなく三星電子が所有しているらしい。ここで生産されたパネルは，半分をソニーが，半分を三星電子が引き取ることになっている。その後，G7-1 の量産が安定化した段階で，2006 年に G7-2 を稼働させた。この 2 つのラインは，生産能力は異なるが，基板サイズ，装置，部材はまったく同じである。G7-2 は，いわば G7-1 での学習成果をそのまま活用した量産工場である。この G7-2 は S-LCD ではなく，三星電子独自の投資となっている。したがって，三星電子にとって，G7-2 はすぐに量産が立ち上がる投資効率の高い工場である。写真を見て分かるように，この 2 つの工場はまったく大きさも同じツインビルのようになっている。

　G7-1 と G7-2 で生産しているのは，2 枚のガラスで液晶材料を挟み込んだ

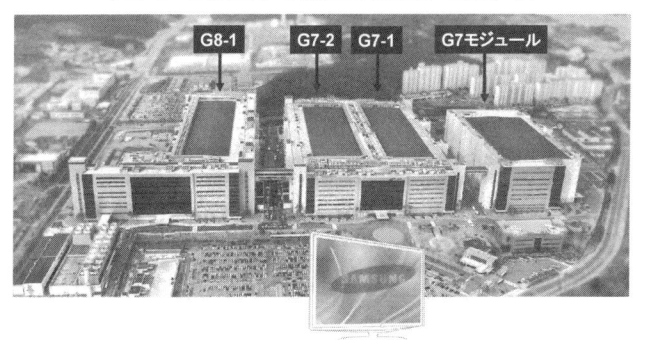

**写真 1　三星電子の湯井工場外観（2007 年）**

出所）三星電子液晶事業の広報資料。

いわゆる液晶パネルの部分までの工程である。パネル工程の後に，ドライバーICなどをパネルの周辺に取り付けるモジュール工程があり，G7-1の右側にあるのが第7世代パネルのモジュール工程工場である。しかし，第8世代のモジュール工場はここにはない。設備集約的なパネル工程と異なり，モジュール工程は労働集約的な組立工程になるので，第8世代からは中国などに分散して立地している。この動きは，シャープなどでも同様であり，亀山の第8世代工場ではモジュール工程はない。

第7世代の左側にあるのが第8世代工場のG8-1である。この工場は，やはりS-LCDの投資で2007年に稼働したものである。この左側に空スペースがあるが，ここにG8-2が建設され，第7世代のときと同様の工場体制がとられた。さらにこの第8世代工場の裏側に空き地が見えるが，ここが第10世代の工場用の敷地であるという。ただし，これは2007年の段階であり，その後新たに稼働した工場もある。

また，この写真の左側に道路があるが，この道路の左側に，三星コーニング精密の天安工場があり，第5世代以降のガラスを生産している。もちろん，三星電子湯井工場にも隣接して供給している。隣接しているにもかかわらず，なぜ片方は湯井工場と言い，もう片方は天安工場と言うのかは不明である。隣接立地を活かして，地下にトンネルを掘ってガラスを搬送しようという計画もあったらしいが，何らかの理由でうまく行かずに実現していない。しかし，トンネル自体は使われないまま存在しているとのことであった。

## 4. 韓国液晶産業のキャッチアップ戦略

この訪問調査は，2日間で5社の調査であったため，実態を把握するにはまだまだ不十分であることは否めない。我々の大きな疑問は，製造装置や部材を日本企業に依存しながらも，なぜ2000年代に入ってから韓国や台湾の液晶パネル産業が日本のそれを上回る急速な成長を示したのかということで

第6章　アジアの製造業における新たなキャッチアップと製造技術プラットフォーム　181

あった。投資規模だけではなく，技術的にも日本を追い越したように見える。第3～4世代までは日本が先行して，それに韓国企業が追随する構図であった。しかし，2002年に立ち上がった第5世代液晶パネルでは，韓国企業が先行し，その後も第5世代工場に投資した日本企業は皆無であった。その韓国企業に追随したのが台湾企業であった。1990年代末に日本企業からの第3世代の技術導入で立ち上がった台湾企業は，2003年から第5世代工場を立ち上げることによって，液晶パネル産業での地位を確固たるものにした。表2を見ると，韓国企業が先行したのを台湾企業が追随し，2002年から2005年の4年間に稼働したほとんどの工場が第5世代だったことが分かる。実際，2004～05年の液晶パネルの世界の生産能力の半分以上を第5世代工場が占めるようになった（図6参照）。

韓国企業も，台湾企業も，この第5世代工場に大規模な投資を敢行することで，大型パネルの生産能力を一気に拡大した。第5世代の彼らの攻撃的な市場攻勢に押されて，大型液晶パネルの生産から撤退する日本企業が続いた。2002年には，日本IBMと東芝の合弁企業は解消し，台湾のCMOが買収した。

このように，韓国，台湾の液晶企業は第5世代工場で世界のトップに立った。しかしながら，製造装置や部材の多くは日本企業に依存する状況であった。そのような中で，いかにして技術的に最先端の工場を立ち上げていったのであろうか。限られた調査ながら，訪問調査から示唆されたことを筆者なりにまとめると，1) 部材の互換性，2) 製造設備の国産化，3) 設備能力の継続的改善，4) 製造設備の標準化と共有化，の4つになると考えられる。

## 4.1. 部材の互換性の向上

部材の供給をサードパーティのサプライヤーに依存する企業にとって，特定の部材産業が寡占的であると，価格交渉力で不利になり，利益確保が困難になる。液晶パネルの製造コストでは，購入する部材コストが高く，大型パネルでは製造コストの6割程度が部材費であると言われている。今回調査し

表2　各国液晶パネル企業の世代別工場稼働時期

| 国名 | メーカー名 | 2002 Q1 | Q2 | Q3 | Q4 | 2003 Q1 | Q2 | Q3 | Q4 | 2004 Q1 | Q2 | Q3 | Q4 | 2005 Q1 | Q2 | Q3 | Q4 | 2006 Q1 | Q2 | Q3 | Q4 |
|---|---|---|---|---|---|---|---|---|---|---|---|---|---|---|---|---|---|---|---|---|---|
| 台湾 | AUO |  |  |  |  |  | G5 |  |  |  | G5 |  |  | G6 |  | G6 |  |  |  |  | G7.5 |
|  | CMO |  |  |  |  |  |  | G5 |  |  |  |  |  | G5.5 |  |  |  |  |  |  | G5 |
|  | CPT |  |  |  |  |  |  |  |  |  |  |  |  |  | G6 |  |  |  |  |  |  |
|  | QDI |  |  |  |  |  | G5 |  |  |  |  |  |  |  |  | G6 |  |  |  |  |  |
|  | HannStar |  |  |  |  |  |  |  | G5 |  |  |  |  |  |  |  |  |  |  |  | G6 |
|  | InnoLux |  |  |  |  |  |  |  |  |  |  |  |  |  | G5 |  |  |  |  |  |  |
| 日本 | Sharp |  |  |  |  |  |  |  | G6 |  |  |  |  |  |  |  |  |  |  | G8 |  |
|  | IPS Alpha |  |  |  |  |  |  |  |  |  |  |  |  |  |  |  |  |  | G6 |  |  |
| 韓国 | Samsung |  | G5 |  |  |  |  | G5 |  |  |  |  |  | G7 |  | G7 |  |  |  |  |  |
|  | LPL |  | G5 |  | G5 |  |  |  |  |  |  | G6 |  |  |  | G7.5 |  |  |  |  |  |
| 中国 | BOE |  |  |  |  |  |  |  |  |  |  | G5 |  |  |  |  |  |  |  |  |  |
|  | SVA-NEC |  |  |  |  |  |  |  |  |  |  |  |  | G5 |  |  |  |  |  |  |  |
|  | Info Vision |  |  |  |  |  |  |  |  |  |  |  |  |  |  |  |  |  | G5 |  |  |

注）AcerとUnipeckは2001年9月に合併しAUOとなっている。
出所）新宅・天野（2009），図2-13，46頁。

図6　液晶パネルの世代別生産能力シェア

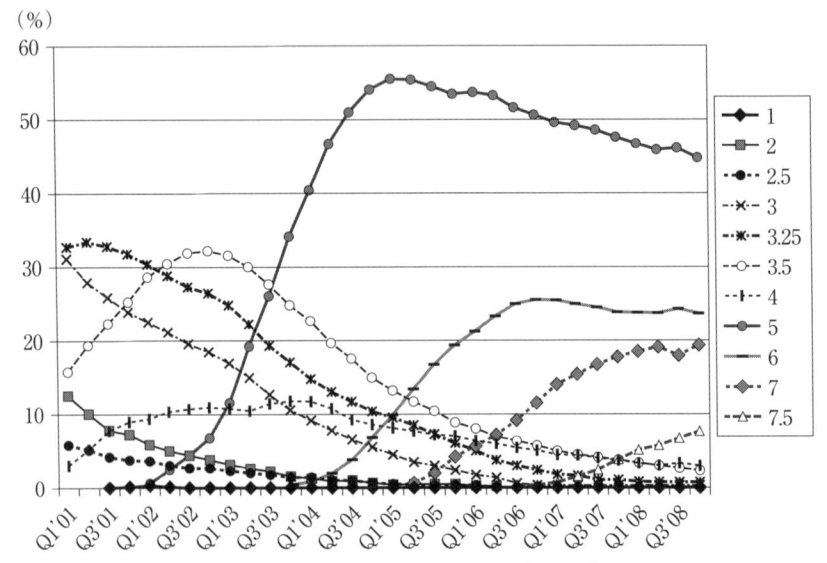

出所）中田行彦（2007）「液晶産業における日本の競争力」（RIETI Discussion Paper Series No. 07-J-017）。独立行政法人経済産業研究所，図33。

た企業のひとつは，液晶用の薄型ガラス基板がパネル製造コストの3割程度に及ぶと指摘していた。ガラス基板，液晶材料，偏光板などの主要部材では上位数社への集中度が高い（図7参照）。

とりわけ，ガラス基板は，集中度が高くて価格も高い上に，供給量が限られていた。ガラスの製造は設備集約的な工程であり，設備投資によって供給能力が制約される。韓国の企業が第5世代に投資するにあたっては，ガラス・メーカーが第5世代向けの設備投資と大型化を実現する開発投資をしなければ，パネルは製造できない。

また，初期のTFT液晶パネル製造工程では，同一メーカーの同じガラス基板を使用しないと，パネル製造の歩留まりをあげることができなかったという。その理由のひとつは，パネル製造工程での熱収縮の問題があったからである。パネル製造では，上側のガラスにカラーフィルターを，下側のガラスにTFTを形成し，その2枚のガラスで液晶材料を挟み込む。その際，熱を加える工程があり，ガラスが若干収縮する。上下のガラスの収縮率に微妙な違いがあると，カラーフィルターの画素セルとTFTのセルとがずれてしまい，適切に表示できなくなる。そこで，熱収縮率が同じガラスを使っていた。しかし，そのような状況だと，特定のパネル工場は，特定のガラス・メーカーの供給に依存することになる。

そこで，韓国の液晶パネル企業は，第4世代の頃から，特定のガラスに依存しない工程開発を進め，第5世代以降では複数のガラス・メーカーのガラスを混在して使えるようになったという。ガラスとパネル工程の依存性の問題は，現在でも完全には解決していないそうだが，ほぼ9割方は解決したとの評価であった[3]。三星コーニング精密というグループ企業を抱えている三星電子でさえ，三星コーニング精密以外からも購入している。三星電子では，基本的には2社購買の政策をとっており，同じスペックのものを2社から調達することで部材メーカーのコスト競争による調達コスト削減を狙っている。偏光板も，同じスペックで2社から購入している。ただし，化学品は配合が微妙に異なると特性に影響を与えるので，2社購買が難しい。液晶材

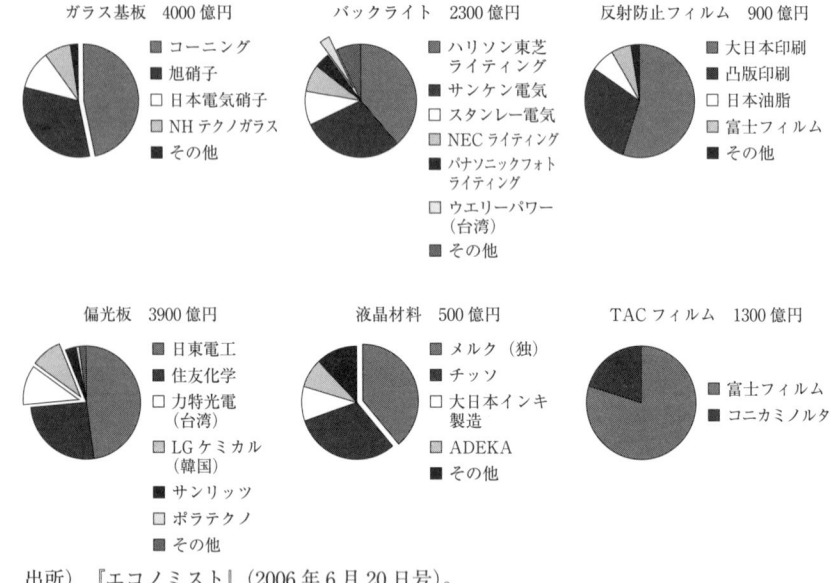

図7 液晶パネル材料の生産金額シェア (2005年)

ガラス基板　4000億円
- コーニング
- 旭硝子
- 日本電気硝子
- NHテクノガラス
- その他

バックライト　2300億円
- ハリソン東芝ライティング
- サンケン電気
- スタンレー電気
- NECライティング
- パナソニックフォトライティング
- ウエリーパワー（台湾）
- その他

反射防止フィルム　900億円
- 大日本印刷
- 凸版印刷
- 日本油脂
- 富士フィルム
- その他

偏光板　3900億円
- 日東電工
- 住友化学
- 力特光電（台湾）
- LGケミカル（韓国）
- サンリッツ
- ポラテクノ
- その他

液晶材料　500億円
- メルク（独）
- チッソ
- 大日本インキ製造
- ADEKA
- その他

TACフィルム　1300億円
- 富士フィルム
- コニカミノルタ

出所）『エコノミスト』(2006年6月20日号)。

料がその典型で，液晶材料の微妙な差が偏光板やカラーフィルター，バックライトの仕様に影響を与える。

　韓国，台湾企業によって第5世代の生産能力が劇的に増えていった背景には，このようなガラスの互換性が寄与したようである。ガラスの互換性は，パネル企業にとって，価格交渉力を高めるだけでなく，必要量を確保するメリットもあった。パネル企業側の投資が活発化し，ガラス・メーカーの投資がそれに遅れると，ガラスの需給はタイトになる。そこで，生産に余裕のあるガラス・メーカーからガラスを確保するためにも，様々なガラスを使いこなせる製造能力が重要になる。その能力を持った企業が競争力を高めることになる。少なくとも，韓国の三星電子とLPLは，そのような能力をこの時期に蓄積したようである。同じく第5世代に投資した台湾企業が，同じ時期にそのようなガラスの使いこなし能力を持ったか否かは，今回の調査では不明である。

## 4.2. 製造設備の国産化

　三星，LG に代表される電子産業や，現代グループの自動車産業の世界市場での躍進が著しい韓国産業であるが，その悩みのひとつは製造装置，原材料などを海外からの輸入に依存している点にある。IMF 危機後の韓国経済の回復時にも，生産財の輸入はむしろ増えている（図8参照）。韓国の輸出液晶パネル産業もその代表で，韓国企業はその国産化に取り組んできた。その方法には3つある。第一は，海外企業との合弁を設立し，韓国で生産する方法である。三星コーニング精密がその典型である。第二は，海外企業を韓国に誘致する方法である。日本の製造装置メーカーや材料メーカーは，すでにかなりの数が韓国に進出している。表1に単独進出と合弁の事例をまとめている。

　日本企業にとって，技術ノウハウの漏洩に慎重なところほど，韓国進出は遅れることになる。慎重であれば，まず，製品輸出で営業やサポート部門だけを韓国におく。もう一歩踏み出すと，生産の最終段階だけを韓国に移転する。たとえば，偏光板の例では，前工程の原反[4]を日本で生産し，韓国など海外では後工程のカット工程だけを持っている。ガラス基板でも，旭硝子はまず後工程の研磨工程で進出し，前工程のフロート工程で操業したのは2007年である。

　今回訪問した日本の製造装置メーカーは，1995年に韓国法人を設立し，2000年から韓国で生産を開始しており，韓国での生産は日本企業としては早い部類である。第4世代製造装置から生産し，需要が爆発した第5世代装置は，日本と韓国の両方から供給した。その後，第6世代以降は，すべて韓国製の装置を納入しているという。同社は，この時期の進出によって，第5世代製造装置の韓国需要に迅速に対応することができた。台湾についても，同様の進出をしており，積極的な海外進出による顧客開拓が同社全体としての成長を支える基盤になった。

　この韓国法人がユニークなのは，日本語を社内公用語にしている点であ

図8 韓国の生産財輸入

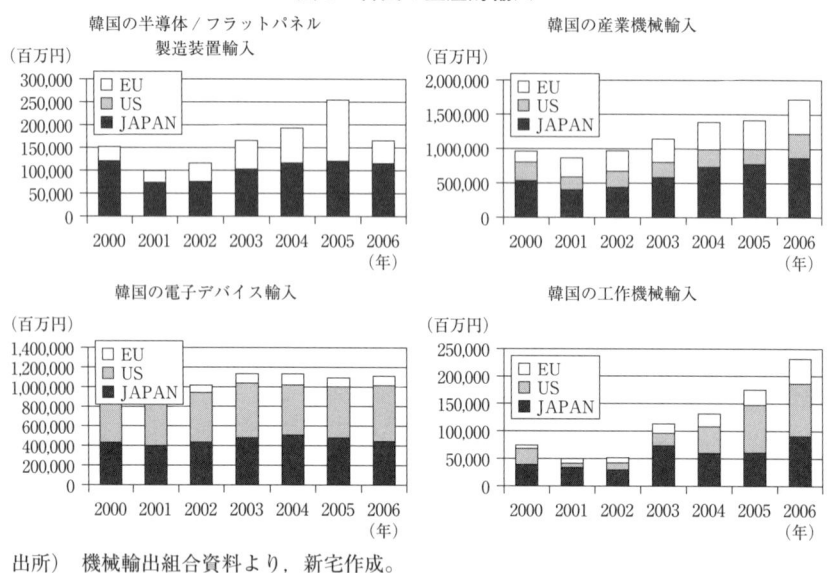

韓国の半導体／フラットパネル製造装置輸入

韓国の産業機械輸入

韓国の電子デバイス輸入

韓国の工作機械輸入

出所） 機械輸出組合資料より，新宅作成。

る。社長は，日本の大学に留学して博士学位を取得し，同社の日本本社で働いた後，韓国に帰国して韓国企業に勤務し，その後，同社の韓国法人に社長として復職したという経歴の持ち主である。日本での経験が長いこの社長は，日本本社と韓国法人との密接な交流を基本方針とした。日本本社の技術を徹底的に学ぶためには，社員全員が日本語で日本本社の社員と直接コミュニケーションがとれることが必須であると考え，日本語を社内公用語にした。もちろん，最初から日本語ができる社員を採用できるわけではないので，社内に日本語教室を開設して毎日日本語学習を義務づけているという。また，毎年50名程度の社員を日本本社のあらゆる部門に出向させて，直接日本人担当者から学ぶようにしているという。そのようにして学習した韓国人社員が，最先端の製造装置の生産と，韓国液晶パネル企業へのサポートを支えている。

このほかに，純粋な韓国企業による製造装置の生産も拡大しているようで

ある。今回は，残念ながらそのような韓国製造装置メーカーは訪問できなかった。今回訪問したLPLの第6世代パネルを生産している亀尾工場では，韓国製の製造装置がすでに4割を占めているとのことであった。なお，坡州にある第7世代工場では，国産装置の比率はもっと高いという。ここで言う韓国国産比率には，上述のような日系の韓国法人による生産は含まれていないという。ただし，国産できるものは装置によって異なり，たとえば，露光装置はまったくゼロであり，一方，洗浄装置はすべて国産の工場もあるという。韓国液晶パネル企業にとって，国産装置は日本製よりも圧倒的に価格が安いことが魅力である。

## 4.3. 設備能力の継続的改善

韓国の液晶パネル企業の特徴的な取り組みとして，今回の調査で指摘されたもうひとつの点は，製造能力の継続的な改善である。生産性向上，歩留まり向上，品質安定化を目指して，製造工程を継続的に改善し，工場を絶えず進化させていくのは，日本企業のお家芸である。しかし，日本と韓国で製造装置を販売する某社によれば，韓国企業のほうが装置の改善に積極的であるように感じると指摘していた。

設備集約的な液晶パネルの製造工程では，どのような材料と設備を使って，どのようなレシピで設備を稼動させるかが重要な製造ノウハウである。レシピとは，設備をどのような環境下（温度など）で，どのように動かすのかを規定したものである。料理で言うと，どのような素材をどのように加工するかを詳細に規定したのがレシピであり，美味しい料理を安定して作るにはしっかりしたレシピが欠かせないのと同様である。

このレシピの改善が歩留まり改善などにとって大きな要因である。一般的な傾向として，日本ではパネル企業自身がレシピ改善に取り組み，韓国ではパネル企業と装置メーカーが共同でレシピ改善に取り組むことが多いという。装置メーカーが新しい工場に装置を納入した後，日本では装置の能力が安定して発揮されるまで，装置メーカーのエンジニアが常駐して調整を行

う。しかし，それから先，量産を安定化させるためにプロセス条件を詳細に追い込んでいくのはパネルメーカーのタスク領域であり，装置メーカーはそのプロセスからは遮断されることが多い。レシピ作りこそがパネルメーカーの工程エンジニアの重要なタスクである。これは，半導体産業でも同様である。

　一方，韓国でも，装置メーカーのエンジニアが常駐するが，その期間は日本よりも長く，量産が安定するまで続くことが多い。場合によっては1年近くに及ぶ。この間に，レシピを改善していくのである。さらに，量産が安定化して暫くしてから，装置の改善によって，生産能力を拡張するような改善提案を行うこともあるらしい。たとえば，タクト60秒で動いている装置を改善することで，タクト50秒にすれば，同じ装置で生産能力をあげることができる。生産量拡大に際して，そのような装置の改良を利用すれば，装置を増やして新規投資するよりも，投資を節約することができる。このような改善提案に対して，韓国企業は貪欲であるという。

　これをもって，韓国企業のほうが工程の継続的な改善に積極的であるとは言えない。日本では，装置メーカーの見えないところで，パネルメーカーが改善努力をしているだけかもしれない。しかし，少なくとも装置メーカーにとって，韓国の顧客のほうが，レシピ改善や装置改善など，仕事領域と知識蓄積の余地が大きいことは確かなようだ。

## 4.4. 製造技術のプラットフォーム化

　我々が台湾の液晶パネル産業の発展について調査しても分からなかった最大の疑問は，台湾企業がどうやって2003年に第5世代液晶工場を立ち上げたのかということであった（新宅ほか，2006）。台湾企業は，1999年頃に日本からの技術移転で第3世代の液晶パネル工場を立ち上げた。しかし，第5世代技術については，日本企業からの技術供与は1社を除いてなかったはずである。そもそも，日本企業で当時，第5世代液晶工場を立ち上げたところはない。1999年にようやく本格的に液晶工場を立ち上げたばかりの台湾企

業が，第4世代もスキップして独自に最先端の第5世代工場を立ち上げるとは考えにくい。

第5世代の量産時期から見る限り，まず韓国でLPL，三星の順に立ち上がり，その約1年後に台湾で立ち上がっている（表2参照）。このような稼動時期から判断すると，韓国から台湾へと第5世代技術が流出していったと推論することはできた。しかし，実際に韓国から台湾への技術移転があったか否か，またあったとしたらどのような移転プロセスであったのか。これは我々が2年近く疑問に思い，その間，様々な人にその疑問を投げかけたり，調査報告の類を読んだりしたが，明確な答えはなかった。

今回の調査でも，その答えが得られるとは正直に言ってあまり期待していなかったが，ヒアリングの中で思わぬ示唆を得ることができた。その答えを端的に言うと，「たしかに韓国から台湾への技術移転があった。それは，意図せざる技術漏洩ではなく，韓国企業の意図した技術移転であった」という説明である。この説明については，今回，単一の情報源から得られた情報であるため，状況から判断すると信憑性は高いものの，いまだ事実確認が必要である。以下の説明は，それを踏まえたものとして理解されたい。

第5世代液晶工場のパイオニアはLPLであった。世界初の第5世代工場は，LPLが2002年の第二四半期に立ち上げた。それまでは，第3世代まで日本企業が先行し，韓国企業が追随していた。三星電子が1998年に3.5世代で初めて日本を先行し，同時に世界シェアトップの地位に立った。しかし，第4世代では再び日本のシャープが先行した。

そういった状況の中で，日本，さらには三星電子のやや後塵を拝していたLGグループのLPLが，初めて第5世代で世界を先行しようとした。しかし，LG単独でできるわけではなかった。そこで彼らが考えたのは，台湾勢を自社の製造技術グループに巻き込むことである。詳細はいまだ明らかではないが，台湾企業に対して自社で確立した第5世代製造技術を移転することを事前に約束したらしい。実際にLPLの工場が立ち上がった後にはLPLの協力会社群がこぞって台湾に第5世代の製造装置を売り込みにいったとい

う。

　日本企業なら，技術的優位性を少しでも持続させるために，ブラックボックス化などで技術伝播のスピードを鈍らせようとする。しかし，LGはまったく反対に，自社技術の移転を約束，実行したのである。これは，装置メーカーの技術に依存しているキャッチアップ企業が技術で先行する際に有効な手段である。装置メーカーにとって，同じ装置の販売先が多いほど，開発費を回収しやすく，利益のあがるビジネスになる。しかし，それまでの液晶製造装置は，工場ごとにガラス基板サイズなどが微妙に違い，装置メーカーとしてメリットは出しにくかった。ところが，第5世代装置でLGに協力すれば，台湾から受注できる可能性が高く，装置を量産できる可能性がある。とりわけ，LPLの第5世代工場が立ち上がった前年の2001年はITバブルが崩壊し，半導体不況の年であった。投資に慎重であった当時の装置メーカーにとって，LGの構想は非常に魅力的であったに違いない。

　第5世代液晶のストーリーを簡略化すると，次のようになろう。LGグループが先端的な投資を計画した。しかし，当時のLGは技術的には一歩遅れており，装置メーカーの開発インセンティブを高めることが必須であった。そこで，LGは装置メーカーの販売先として台湾企業を勧誘し，装置などの一括移転を容認した。その結果，LG技術が，いわば第5世代のデファクト・スタンダードになって台湾に移転されていった。韓国でも，台湾でも，LGの製造技術がプラットフォームとなり，多くの第5世代ラインが立ち上がった。数多くの顧客に採用された第5世代装置は，その過程でかつてない完成度を誇るようになった。それが第5世代の製造安定化と量産の拡大をもたらし，液晶パネル産業における日本企業のシェア低下と韓国企業，台湾企業の躍進を決定づけた。

　その後，シャープが先行した第6世代，三星電子が先行した第7世代で同様のプラットフォーム化が繰り返されたわけではなさそうだ。むしろ，シャープはブラックボックス化を強調して製造技術の自社囲い込みを進めようとした。しかし，第6世代も，第7世代も，台湾企業の追随が起きている。ど

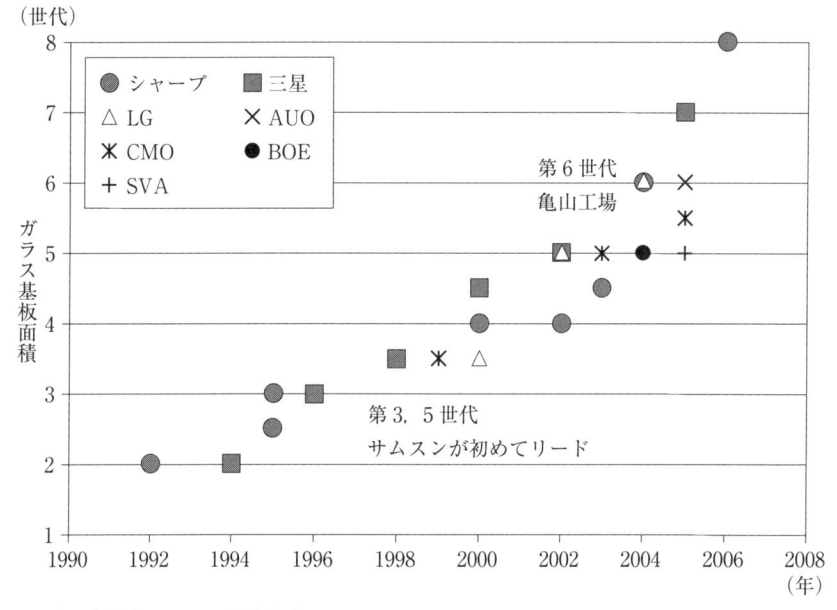

第 6 章　アジアの製造業における新たなキャッチアップと製造技術プラットフォーム

**図 9　液晶パネルの投資競争**

(世代・ガラス基板面積を縦軸、年を横軸にとった散布図。凡例：シャープ、三星、LG、AUO、CMO、BOE、SVA。「第 3, 5 世代 サムスンが初めてリード」「第 6 世代 亀山工場」の注記あり。)

出所）　各社資料より，新宅作成。

うも，第 5 世代がきっかけでこの産業は，クローズ型からオープン型に転換したようである（図 9 参照）。

　現在，同様の現象は半導体産業でも起きている（立本，2008）。次世代の 32 ナノ以下の微細加工技術を確立するためには，開発環境を整備するだけでも数千億円規模の投資が必要になり，1 社だけで負担するのは困難になりつつある。最近我々が調査した米国では，ニューヨーク州のアルバニー大学に共同で開発拠点が設置されており，そこにはすでに累計 42 億ドルが投資されている。IBM はその大学内施設で，AMD，フリースケール，三星電子，東芝，チャータード，インフィニオンと共同で論理チップの次世代製造技術の開発に着手している。実際には IBM が主導して開発し，開発費を負担した共同企業に技術を供与していく。さらに，IBM，三星電子，チャータードとは，まったく同じ製造技術でファウンドリービジネスを展開する予定

であり，それを共通プラットフォーム（Common Platform）と呼んでいる。半導体，液晶など，技術開発と設備投資が多額な産業では，今後，この種の製造技術プラットフォームの形成が重要な戦略手段のひとつになってくるであろう。

注
(1) 筆者は，2007年10月28日に高崎経済大学で開催された国際ビジネス研究学会で，「液晶産業におけるアーキテクチャと国際分業」と題するワークショップを開催した。ワークショップでは，筆者が座長となり，朴英元（東京大学），富田純一（東洋大学），立本博文（兵庫県立大学），善本哲夫（立命館大学）が報告し，三星経済研究所の具本寛氏と北京大学の宋磊氏がコメントして議論した。本稿の一部は，このときの議論や報告者との共同作業に基づいたものである。
(2) 三星グループは第6世代を生産していないとも言われている。サムスン電子の広報資料によれば，マザーガラスが1100×1250ミリの第5世代工場に対して，1100×1300ミリの工場を第6世代と称していた。
(3) プラズマ・ディスプレイ・パネル（PDP）では，いまだに特定企業のガラスにロックインされる状況が続いている。PDPでは先行した旭硝子のシェアが高く，三星もLGも，旭硝子の製品を100％購入しているという。
(4) 偏光板はいくつかの原板を貼り合わせて作り，それを反物のようにロール状に巻き，最後に液晶パネルのサイズに切っていく。

参考文献
新宅純二郎（2007）「東アジアにおける製造業ネットワーク形成と日本企業のポジショニング」『韓日経商論集』（韓日経商学会），6月号，pp.169-195.
新宅純二郎・天野倫文（2009）『ものづくりの国際経営戦略—アジアの産業地理学』有斐閣．
新宅純二郎・許経明・蘇世庭（2006）「台湾液晶産業の発展と企業戦略」『赤門マネジメント・レビュー』5（8），pp.519-540.
立本博文（2008）「半導体産業における共同研究開発の歴史」『赤門マネジメント・レビュー』7（5），pp.263-274.

■編者紹介

渡部　俊也（わたなべ　としや）

　東京大学先端科学技術研究センター 教授，兼 東京大学大学院工学系研究科技術経営戦略学専攻 教授

　1984 年 東京工業大学無機材料工学専攻修士課程修了，東陶機器株式会社入社

　1994 年 東京工業大学無機材料工学専攻博士課程修了（工学博士）

　1996 年 東陶機器株式会社 光フロンティア事業推進センター次長

　2001 年 東京大学先端科学技術研究センター 研究・戦略社会システム大部門 教授

　2006 年 東京大学大学院工学系研究科技術経営戦略学専攻 教授

　2008 年 東京大学先端科学技術研究センター 資源環境エネルギー政策 教授

　2010 年 東京大学産学連携本部 副本部長

　現在に至る

主要著作

　『光クリーン革命』シーエムシー社（1997 年）

　『光触媒の仕組み』日本実業出版社（2000 年）

　『TLO とライセンスアソシエイト』ビーケイシー（2002 年）

　『知財立国 100 の提言』日刊工業新聞社（2002 年）

　『理工系のための特許・技術移転入門』岩波書店（2003 年）

　『知財立国への道』（3 章，産学連携）ぎょうせい（2003 年）

　『知財マネジメント入門』日経文庫（2004 年）


■執筆者一覧

新宅純二郎（東京大学 大学院経済学研究科 准教授）

妹尾堅一郎（東京大学 知的資産経営総括寄付講座 特任教授）

小川　紘一（東京大学 知的資産経営総括寄付講座 客員研究員）

立本　博文（兵庫県立大学 経営学部 准教授，東京大学 知的資産経営総括寄付講座 客員研究員）

高梨千賀子（立命館大学 大学院テクノロジー・マネジメント研究科 准教授）

※肩書きは，2011 年 9 月 26 日現在

■東京大学知的資産経営総括寄付講座シリーズ第1巻
# ビジネスモデルイノベーション

〈検印省略〉

■発行日──2011年11月16日　初 版 発 行
　　　　　2012年 7 月16日　第 2 刷発行

■編　者──渡部　俊也
　　　　　　わたなべ　としや

■発行者──大矢栄一郎

■発行所──株式会社　白桃書房
　　　　　　　　　　はくとうしょぼう
　　　　〒101-0021　東京都千代田区外神田5-1-15
　　　　☎03-3836-4781　📠03-3836-9370　振替00100-4-20192
　　　　http://www.hakutou.co.jp/

■印刷・製本──シナノパブリッシングプレス

© Toshiya Watanabe 2011　Printed in Japan　ISBN 978-4-561-26574-0 C3034
本書のコピー，スキャン，デジタル化等の無断複製は著作権法上での例外を除き禁じられています。本書を代行業者等の第三者に依頼してスキャンやデジタル化することは，たとえ個人や家庭内の利用であっても著作権法上認められておりません。

[JCOPY]〈㈳出版者著作権管理機構　委託出版物〉
本書の無断複写は著作権法上での例外を除き禁じられています。複写される場合は，そのつど事前に，㈳出版者著作権管理機構（電話 03-3513-6969，FAX 03-3513-6979，e-mail : info@jcopy.or.jp）の許諾を得てください。

落丁本・乱丁本はおとりかえいたします。

## 好評書

元橋一之【編著】
**日本のバイオイノベーション** 本体 3800 円
　—オープンイノベーションの進展と医薬品産業の課題

小川紘一【著】
**国際標準化と事業戦略** 本体 3800 円
　—日本型イノベーションとしての標準化ビジネスモデル

石井康之【著】
**知的財産の経済・経営分析入門** 本体 3800 円
　—特許技術・研究開発の経済的・経営的価値評価

隅藏康一【編著】
**知的財産政策とマネジメント** 本体 3800 円
　—公共性と知的財産権の最適バランスをめぐって

佐藤辰彦【著】
**発明の保護と市場優位** 本体 3800 円
　—プロパテントからプロイノベーションへ

西口泰夫【著】
**技術を活かす経営** 本体 2800 円
　—「情報化時代」に適した技術経営の探求

原山優子・氏家　豊・出川　通【著】
**産業革新の源泉** 本体 3000 円
　—ベンチャー企業が駆動するイノベーション・エコシステム

藤野仁三・江藤　学【編著】
**標準化ビジネス** 本体 2381 円

松田修一【監修】
**日本のイノベーション1　ベンチャーダイナミズム** 本体 3300 円

───────── 東京　白桃書房　神田 ─────────
本広告の価格は本体価格です。別途消費税が加算されます。